VIAJES EN UMBRAL DE LOS SUEÑOS

Clara Inés Zapata

20-1-21

Urtzi

que desde lo profundo
de tu ser alcances
tu gran sueño
y los muchos
que estás por
llegar

Primera edición, junio de 2020

Maquetación y diseño:
Avant editorial
Dante Aligheri, 123
08032 Barcelona
www.avanteditorial.com
editores@avanteditorial.com

Este libro ha sido impreso siguiendo las normativas:
UNE — EN — ISO — 14001 de gestión ambiental
UNE — EN — ISO — 9001 de gestión de calidad
ISBN: 978-84-18148-89-7
IBIC: VX

Imprime Podiprint
Impreso en la Unión Europea

VIAJES EN UMBRAL DE LOS SUEÑOS

Clara Inés Zapata

avant
editorial
www.avanteditorial.com

ÍNDICE

INTRODUCCIÓN

Explora tu dimensión onírica

Viajar en lo que es real o irreal, en lo que es fantasía o imaginación, viajar en las dimensiones creativas desde la alucinación hipnótica que revela desde el espejismo del alma las visiones aparentemente incongruentes, para armar a través de lo que llamamos sueños el rompecabezas de la vida.

Esta es la puerta de entrada a la dimensión onírica, la cual es anterior y posterior a la lucidez que cada persona le quiera agregar; desde el toque individual del diccionario simbólico personal inexplorado y abierto a ser penetrado, en correspondencia a los estados evolutivos ascendentes y de reconocimiento, cuando se toma la decisión de ir hacia adentro para comprender la expresión esencial en la realidad externa y circundante proviene de nuestra alquimia interior y de cómo la manifestamos.

Propósito correspondiente al ciclo que estés viviendo; dentro del viaje hay un lugar que se ha escogido para vivir el momento biográfico con su conjunto de vivencias y relaciones.

El explorar tus sueños, es comenzar a realizar un viaje en el propio camino, a menudo, encontrándolo el propósito de vida esencial. O de acuerdo a la etapa en la cual te encuentres, ellas herramientas en cada viaje que realizamos, corto o largo, hay que establecer hacia donde nos dirigimos, cuáles son las necesidades, recursos y todo aquello que nos acompaña en el viaje y las herramientas interiores con las cuales contamos para las innumerables situaciones imprevistas, que llevan al viaje, con sus aprendizajes y vivencias, a un enfoque hacia el potencial expansivo de nuestra consciencia.

Cuando se está en un sueño y se despierta de él, hay que aprender a retener las imágenes que aún flotan y tienden a difuminarse si no se anotan. Hay detalles importantes que darán mucho significado a cada sueño. Aprender a percibir la atmósfera del lugar donde se estuvo, si hay personas representando a otras personas en correspondencia a tu vida y el significado que llega de imágenes claves superpuestas o montadas en arquetipos (modelo original) y símbolos (alegoría, representación, modelo, espejo). Las sensaciones que llegan desde la imagen del sueño hay que dejar que floten sin esperar una respuesta inmediata, la comprensión ulterior será instantánea, o posterior en el tiempo cuando en la realidad cotidiana aparecen piezas sueltas que se unen a través de una forma espontánea intuitiva a manera de flash revelando el contenido.

El despertar a la consciencia, conocimiento del doble energético, el amplio horizonte del inconsciente, son fundamentales, ya que de ello dependerá el aprender a conectar ambas realidades: el universo onírico, donde los sueños flotan con sus mensajes y significados y el mundo de la vigilia, a través de los encuentros, señales, palabras, imágenes que se activan en lo cotidiano abriendo la puerta a entrar a la supra-consciencia.

Todo umbral abre puertas a comprensiones y manifiesta una energía propia de lo que surge desde el inconsciente; de acuerdo a lo que se esté evidenciando como si emergiesen a menudo situaciones guardadas, escondidas, desconocidas que afloran, para ser proyectadas y vistas, como también visiones del futuro.

Es como observar desde un prisma de color y atemporalidad, retazos de realidad percibida en porciones que aunque separadas son parte de un todo.

A través de los sueños conectamos con el pasado y con el futuro para resolver el presente. Por eso es un viaje donde se recorren caminos conocidos y otros nuevos o que aún se vislumbran como posibles.

Se recorren instancias, donde las diferentes realidades se cruzan haciendo conexión y trayendo claves para diferentes momentos en el tiempo: es como tener las piezas de un rompecabezas e irlo armando. Esto para diferentes realidades y dimensiones, desde la perspectiva que sugiero para que cada persona haga su propio recorrido de viajes internos, y ¿por qué no?, también de otros viajes de lugares y territorios, he querido compartir algunos de los viajes dentro de mi umbral de sueños a través de los cuales he podido verificar situaciones claves de mi vida, desde la infancia, juventud y madurez.

Aprendiendo a descifrar mi lenguaje en particular el cual tú lo aprendes y reconoces cuando recorres tu propio umbral; comenzando a observar con atención tus manifestaciones frecuentes en los sueños que a menudo aparecen en el afuera, los símbolos con los que tienes más afinidad porque se han repetido en diferentes ocasiones en tu vida, las expresiones nuevas que también aparecen en la evolución de distinguir el alfabeto emocional y pictórico de lo que llamaría las películas y guiones que desde su propio lenguaje, símbolos y expresión emergen para integrar tus campos a nivel etérico (almacenamiento de la energía vital y conocimientos de otras vidas).

En el plano emocional (formas reactivas manifestadas en el plano astral) en el plano mental (patrones) y en los planos siguientes que llamaré Espiritual (regalos, creaciones, inventos y dones que a veces son entregados en sueños).

Todos en cada noche viajamos recorriendo umbrales en distintos planos de consciencia y otros de inconsciencia, para desde el soñar revelar las claves de vida personales, íntimas, sanadoras, místicas, regeneradoras o sagradas.

Los sueños me han acompañado como una especie de cobijo desde muy temprana edad. El transcurrir del carrusel de la infancia fue para mi alma un lugar seguro al tener padres comprometidos quienes en su amor llenaron de naturaleza nuestras formas de compartir el juego, los cuentos, alimentando la fantasía y realidad que siempre encontré en estados interiores de silencio para el desarrollo de sentidos y sensibilidad que visitaron mis sueños desde entonces.

La forma de comunicación que alimenté desde la niñez entonces fue la de expresar mis sentimientos y experiencias, a través de diarios donde anotaba mis revelaciones que de una manera desconocida me conectaron a la comprensión de mi mundo interior, las respuestas en sueños ya interrogantes de vida.

Con el paso de los años y en la medida que iba anticipando eventos, revelados como una de las guías de mi realidad, se iban alineando de una manera simultánea a la toma de decisiones, acciones o encuentros. Paralelo a mis estudios, siempre tuve la curiosidad de investigar sobre otros conocimientos que en ese momento no eran tan aceptados como lo son en la actualidad: entre ellos la astrología, el tarot, el tantra, el yoga, estados alterados de consciencia, psiquismo, usos posibles de desarrollar sentidos interiores. Motivo por el cual he crecido desde mi infancia buscando nuevas formas de explorar los mundos internos y de ampliar contenidos.

Cada uno de nosotros somos creadores de nuestra propia realidad, dentro la cual el psiquismo juega un papel fundamental, ya que existen unas memorias que unen el presente a un pasado y a un futuro potencial.

Además de estar en la posibilidad de unir nuestros cordones invisibles al conocimiento o la biblioteca viviente que está disponible para todos. Fue así como incorporé el material onírico verificado con filtros que aprendí a elaborar con mi experiencia.

Recuerdo que después de haber elegido una primera carrera relacionada con el mundo práctico como lo es la administración de empresas, escogí aprender sobre temas profundos de crecimiento interno y medicina natural, que me llevaron a estudiar homeopatía, nutrición natural y astrología; todo ello en complemento con mi propósito central de vida. Además de reunirme con otras personas con las mismas afinidades.

El siguiente sueño fue una gran clave de vida: a la edad de treinta y un años, fue una verificación de que lo que había elegido estudiar correspondía al sueño. Significó mucho para mi la vocación aptitud y mis futuros estudios y profesión. La vocación en términos de biografía se define a la edad de diciocho18 años, momento en el cual sentí que debía estudiar medicina y administración de empresas. La cual estudié primero y la ejercí por casi trece años. Cuando cumplí treinta y un años, comencé mis estudios en todo aquello que llamamos actualmente medicina complementaria.

Al presente siguiente sueño lo he llamado: «viaje hacia tu mundo interior».

Encuentro de mí misma en dos edades diferentes durante el sueño

Recuerdo que antes de llegar a Inglaterra donde vine a estudiar inglés cuando tenía treinta y tres años, tuve un sueño que revelaba los dones innatos, que unidos a la conexión sanadora se activarían dentro de mi después de mis primeros estudios en el campo de la salud energética. Estaba estudiando acupuntura, naturismo y un poco de homeopatía.

«En mi sueño aparecieron las imágenes que me llevaron a un palacio hermoso y cómodo donde vivía y desde allí bajaba unas escalinatas, cruzaba una calle y entraba a una población de personas desconocidas donde me dirigí a una casa en ese lugar. Toqué el timbre y para mi gran sorpresa, apareció una mujer madura y mayor exactamente igual a mi física y humanamente, hablando yo en este sueños tenía la apariencia de 18 años (fue como encontrarme con mi misma, años más adelante en mi época de madurez):

—Te estaba esperando

A lo que contesté—: Sí, lo sabía, tengo miedo.

A lo que ella contestó—: Eres una sanadora.

Salí de allí y fue tan claro que a partir de ese momento mi vida giró por completo hacia el mundo de la homeopatía y otras terapias para sanar a otros».

Diría que a pesar de que no fue un sueño que cambió mi vida en ese momento, si ayudó a reorientarla en momentos donde no sabía qué seguía. En especial viviendo entre países y lugares diversos. Es una de las formas como los sueños ayudan a verificar el destino incierto pero aclarado por la intuición.

Mi llegada al viejo continente obedecía a venir a cerrar ciclos que había dejado inconclusos de otras existencias: había llegado a la zona de la antroposofía en Inglaterra y me había inscrito por sugerencia de una amiga en un curso de «Drama» el cual quedó completamente eliminado de lo que sería mi camino porque en corto viaje de fin de semana a Londres, me encontré con otra amiga con quien me quedé alojada por el fin de semana.

Ella estudiaba homeopatía en Londres y al enterarse de que yo había tenido una relación sentimental corta con alguien de otro país que se acaba de terminar, me ofreció el remedio homeopático: *ignatia amara* el cual cambió mi vida. Fue tan visible su efecto en el sentido energético, que vi salir de mi cuerpo etérico o sutil, la energía de esa persona con quien había terminado una relación corta de un año. De inmediato cancelé mi curso de Drama y me inscribí para estudiar homeopatía. Lo cual me puso directamente en un destino dirigido y enfocado a la aplicación de mis dones y habilidades que desarrollé con otros conocimientos paralelos.

Hoy, después de haber recorrido todo un camino de prácticas, experiencias, encuentros con maestros y con discípulos, quiero compartir esta práctica de conectar con nuestra vida, viajando al umbral de sueños propio donde está nuestro propósito fundamental.

El viaje esencial es el de auto-descubrirnos y crear a través de los sueños la realidad dentro de la cual brillamos expresando nuestro propósito de luz, entregando a través de nuestros dones una bendición a otros, manifestando un mensaje que se recibirá de acuerdo a las necesidades de nuestra misión la cual se expresa a través de la vida bajo diferentes formas, mientras vamos aprendiendo y creciendo en experiencia y madurez.

1
MAPAS DE TU VIDA REAL Y LA CONEXIÓN CON LO ONÍRICO

Cuál es nuestro propósito, cómo encontrarlo desde otros planos de consciencia: el universo onírico

Viajar es la mejor manera de aprender, de adaptarse a diferentes culturas y entornos, de asimilar experiencias, de profundizar en culturas y personas del lugar, de entablar nuevas relaciones, de fundirse con los lugares.

Como humanidad existen similitudes y diferencias de las cuales siempre tomamos lo que añade a lo nuestro y observamos lo que no está en concordancia con la forma de llevar lo conocido. En los viajes oníricos sucede igual, estamos en la gran libertad que es desde el inconsciente que afloran nuevos escenarios y formas de presentarse nuestra realidad, donde aparecen personas conocidas o desconocidas, todas y cada una de ellas representando una porción de nuestros paisajes del alma para develar y ayudarnos a descifrar nuestra propia identidad

Una de mis pasiones es caminar y recorrer lugares sin ninguna expectativa, de esta manera la magia sale a mi encuentro y me sumerjo en túneles de eventos y sucesos que en las espirales de la vida, me llevan hacia los diferentes sentidos, del pasado y del futuro, trayendo viajes y personajes que se encuentran de la manera inusitada y sorpresiva como sucede en los sueños, donde se sale del cuerpo a explorar nuestra profundidad interior a través de viajes diversos.

Los sueños han sido para mi vida mapas de vida, con ellos he orientado los caminos de mi ser hacia lo desconocido, confiando en mi conexión intuitiva y dejando que las carreteras, caminos, atajos y lugares se extiendan al frente de mi presencia observante.

Fluir dentro del vasto y profundo universo onírico es igual a viajar a otro país nuevo, descubriendo, aprendiendo, conociendo, asimilando, integrando bajo la forma explorativa de este universo que presenta sus formas y símbolos a la manera alegórica, simbólica y entretejida desde un lenguaje diferente, que poco a poco se va convirtiendo en propio, distintivo y descifrable. (Por ejemplo: en algunas personas sueños repetitivos).

Sucede que a veces que la realidad propia, se teje bajo la forma de sueños y avisos que con anticipada distancia y suficiente energía en el tiempo ayudan a informar y a materializar realidades. El material de los sueños está elaborado de señales, avisos, colores y paisajes con los respectivos personajes y representaciones para seguir un mapa que nos llevará a la reunión de ambas realidades: vigilia-sueño-vigilia-sueño-ensoñación-revelación. Sucede a menudo como en un viaje afuera.

Los personajes, símbolos, mensajes vienen todos desde el inconsciente para intuir su significado y conexión.

Estar centrado: punto de reunión donde cualquier estado se modifica.

Dicen algunos maestros que si el observador o la consciencia diurnal, está activa durante el día, en la noche es posible entrar en consciencia directa dentro del sueño, lo que he verificado que es real.

Cuando estamos viviendo desde nuestro observador y siendo conscientes de nuestro físico, emociones, pensamientos, el testigo u observador del escenario de vida cambia de acuerdo a encuentros, y es siempre importante saber quién está en la escena: si la esencia o la sombra o lo que en muchas tradiciones llaman ego, o al grupo de yoes que nos habitan. Estamos conectados al momento presente en la vigilia y al no tiempo cuando dormimos.

Es también parte de la práctica saber cuestionar aquellos instantes, escenas, símbolos y encuentros que posiblemente hacen parte de la realidad onírica y que comienzan a verse enfrente de nosotros o quizás la aparición de personas y eventos, inclusive lugares que ya hemos contactado con anterioridad.

Los sueños nos llevan a encontrar nuestro Ser superior, voz interna o esencia quien tiene otras formas de comunicarse: el estar dormidos el cual es un estado similar a la muerte, facilita que no haya mente o ideas preconcebidas, lo que surge desde este nivel es lo inesperado, lo que está emergiendo del inconsciente del momento, el cual tampoco necesariamente está relacionado con lo que se hizo ni en el día ni con lo que se hará mañana.

Son comunicaciones que se van hilando como en un tejido de la vida y hay que saber discernir con su mensaje y contenido, el cual aparece como especie de rayo o flash iluminado revelando una comprensión precisa de algo que es nuevo, o que estaba cuestionándose o quizás un mensaje del futuro que aún no conocemos y que llega como un aviso.

Por esto es importante al despertar retener la información y estar por algunos momentos reteniendo imágenes para escribirlas de inmediato. Recomiendo tener a la mano una pequeña lámpara para escribir y continuar durmiendo.

Viajes afuera, viajes adentro: revelaciones pasado-presente-futuro

En los viajes pasan cosas que cambian la vida, o hay encuentros con nuevas experiencias, o se conecta a lugares que se sienten familiares o se llega a lugares que son difíciles así sean temporales. Lo mismo sucede en los sueños: aparece alguien a quien aún no se conoce, o se llega a un lugar insospechado, o se ve la partida de un ser querido, o llegan mensajes encubiertos de amistades con quienes se está resolviendo algún asunto.

Después de todo viaje por corto que haya sido, hay cambios. Dentro del espacio-tiempo-espacio de los sueños hay también que aprender a determinar en el tiempo terrenal, su significado. Casi siempre en mi caso, me revelaban encuentros y lugares entre dos a cinco años.

Estando en la parte final de mi ciclo inicial en Inglaterra donde completé cinco años, cuando terminé de estudiar inglés y homeopatía, «antes de marcharme a Colombia tuve un sueño donde un hombre a quien no conocía me hablaba en francés…»

Me pregunté a mi misma, «Si nunca he querido vivir en Francia». Decidí guardar esta experiencia onírica para dejar que los hilos del futuro mostraran más adelante algún tejido nuevo, el cual se evidenció más adelante.

El cuestionamiento quedó allí, viajé a Colombia, donde estuve un año. A mi regreso allí sin poderme adaptar y siguiendo la voz interna que desde hacía muchos años me había dicho que iría a Montreal, comencé a hacer conexiones, como lo suelo hacer cuando siento la intuición muy fuerte que iré a determinado país, en un destino que aún ni yo misma sabía cuanto tiempo duraría.

Me comencé a preparar obviamente sin tener aún nada visible. La magia y sincronicidad me trajeron a alguien que había vivido por muchos años en Montreal y se había devuelto a Colombia; él vivía muy cerca de la finca donde escogí habitar temporalmente en Sta. Elena, en las afueras de la ciudad de Medellín. Fue a través de él que comencé a informarme de la vida allí en Montreal, ya que él se había ido de acá desde el final de su infancia: qué mejor vecino que éste para preparar este viaje que aunque aún flotaba en piezas sueltas, se uniría.

Es así como los hilos de la vida se va tejiendo en el día a día… como una pieza donde el arte del encuentro y las conversaciones van dando pautas, donde se conocen las piezas sueltas de un rompecabezas que hay que unir desde la visión interna y la confianza desde lo desconocido hacia su manifestación visible y concreta.

Luego, con otro vecino, mientras tomábamos té y conversábamos, comencé a visualizar mi sueño, y en cuestión de un mes se armó el viaje a través de una amiga que apareció en ese momento, quien me llamó para invitarme a Montreal mientras su esposo cubría por trabajo los Olímpicos en Atlanta. Ella, teniendo un mes libre, me invitó a las cercanías de

Washington y de allí conduciríamos ambas el carro que, con su hija, viajaríamos por tierra a Montreal. Acepté de inmediato la invitación y viajé a Washington, allí saqué mi licencia de conducir en Estados Unidos y juntas nos dirigimos a la aventura que ya tenía dibujada. Con anterioridad al viaje, mi amiga quien también bastante conectada a mí, soñó que yo conocería un hombre en Montreal; le dije que había tenido un sueño en Inglaterra y ya me imaginaba que sería allí que le conocería porque allí hablan francés.

La acompañé a visitar a su suegra que era de allí de Montreal, nos divertimos muchísimo, regresamos a su casa en Maryland y como ya tenía una visa por seis meses a Canadá decidí devolverme a Montreal a vivir mi sueño. Llegué a casa de unas amigas de infancia muy cercanas por ser mi madre y su madre cercanas en mi ciudad natal, Medellín.

Allí comencé a buscar donde vivir y visualicé lo que quería, lo cual apareció de una manera directa de acuerdo a que le di las instrucciones claras a mi doble energético de aquello que quería. Fue así como me fui a vivir alquilando un cuarto de una señora alemana vinculada con la educación Waldorf en la que ya estaba conectada desde Inglaterra y desde la cual continuaría aprendiendo y conociendo su pedagogía.

En este lugar y estando en un momento de mi vida en un período de tranquilidad, tuve un sueño muy vívido sobre cómo conocería a un hombre próximamente allí en Montreal.

A la semana siguiente una amiga colombiana muy cercana, mayor que yo pero con muchos nexos de destino, me anunció su visita a Montreal por unos días.

Mi primera salida con ella a mostrarle el centro de Montreal fue a un café de artistas y de personas bohemias muy especial en una de las calles importantes de la ciudad, y justo allí se manifestó el sueño con los detalles precisos como lo había tenido a la realidad:

«Soñé que un hombre me invitaba a su mesa, le vi la cara en el sueño, era amable y gentil y en el sueño resulté con una amiga cercana sentada allí en su mesa». Pues fue exacto: nosotras no encontramos mesa en el lugar que se mantenía lleno y como él tenía una mesa de cuatro puestos cuando nos escuchó hablar español el cual él hablaba muy bien, nos invitó a compartir su mesa donde nos sentamos y allí surgió una nueva amistad.

A este nuevo encuentro lo podría llamar en todo el sentido de la palabra: mágica.

Comenzando por el nombre del lugar donde nos encontrábamos el cual se llamaba *La port disparú*, que traducida es «La puerta desaparecida». Fue un encuentro no solo en otra dimensión, sino que lo que sucedió de allí en adelante en diversos encuentros a través de la vida fueron igualmente alucinantes y conectados a la realidad de la magia.

Hoy inclusive veinte años después escribiendo esta historia, conecto con el alma de este amigo que en esta semana se acaba de marchar para siempre, recordando que nos conocimos a través de un sueño, y ahora él abandona el sueño de la vida de regreso al espíritu y la libertad que siempre persiguió en la danza…

En Montreal a la llegada de mi amiga desde Colombia tuve también otro sueño, también importante e hilado a lo que ni siquiera estaba escrito en mi destino, pero que más adelante entendería por estar conectado a esta amiga quien me visitó y de alguna manera movió hilos con su presencia.

El sueño fue con mi abuela materna, quien me reveló un mensaje importante acerca de la persona que años más adelante quien sería mi esposo inglés. Mensaje el cual coincidió exactamente con el aniversario de bodas de esta amiga que cumplió en años en Montreal y quien más adelante sería no solo quien me presentaría a mi futuro esposo sino que también fue mi madrina de bodas.

Ejercicio para reconocer tus viajes

Recomiendo ver en tus sueños hacia donde viajas, qué relación hay en los lugares que visitas y en los cuales hay afinidad o no la hay, espera después de un viaje en sueños para establecer conexiones. Para el registro de los sueños sugiero mantener un cuaderno y una pequeña lámpara donde diariamente anotarás tus sueños; seguir calendario lunar, (día uno es luna llena o luna nueva). Al despertar en la noche escribe con detalles el sueño; vuélvete a dormir.

¿Como aprender a analizar o interpretar nuestros propios símbolos, mensajes, señales? Al despertar en la mañana conecta con los sueños explorando en cada uno la sensación y mensaje instantáneo que te traen, a veces es una palabra, una imagen, un sentimiento, una conexión a otro sueño, o a alguna relación, cercana o familiar. A menudo hay que esperar a que el sueño se desenvuelva de su semilla y durante un tiempo un día, una semana, un mes , unos años, varios años) de su fruto: verás claramente su información manifestada o a manifestarse.

¿Cómo ayudan los sueños en el auto-conocimiento? Ellos conectan con tu Ser superior, con tu intuición, te traen memorias de vida relacionadas con el pasado que han quedado en lo inconsciente para ser sanadas, encontrar información y nuevos conocimientos, mejorar la creatividad, traen comunicación sin palabras interna y externa, para prepararte mejor para eventos por venir.

Hay que aprender a distinguir sueños de la Esencia, voz interior, ego (sombra), yoes, arquetipos. Leer a través del observador, en el afuera nos permite leer desde el observador en nuestro interior. (Sueños lúcidos). ¿Qué tipos de sueños tenemos? Comenzar a observer, qué elementos comunes aparecen en los sueños. (Ejemplo: los cuatros elementos: tierra, aire, fuego, agua). Cuáles son nuestros símbolos, números, colores en los sueños frente a la realidad.

Explorar nuestros arquetipos o personajes en los sueños refleja actitudes o personificaciones propias, o de personas que admiramos. Familia, amigos, naturaleza, personas desconocidas, animales, casas, iglesias, otros.

¿Qué ejercicios te ayudan, a recordar los sueños? Recuerdos de tí mismo, en conciencia pura durante las veinte cuatro horas del día: auto-observación permanente sin ser mecanizada; debe ser un estado de atención natural expandida.

El siguiente sueño fue de mi hermano Julián cuando yo iba a visitar Colombia para presentar hace veinte años a mi esposo inglés:

Este sueño fue antes de su visita donde él aún, era un desconocido, justo antes de venir a presentarle a la familia. (Sucedió un mes antes de nuestra llegada):

Escrito por él, ya que hay importantes detalles: «Sentí que Clara hablaba por teléfono y le pregunté que con quien hablaba, me dijo que con un sacerdote que había conocido. Yo podía también escuchar lo que Clara decía y dentro de mí, mi mente también escuchaba lo que el clérigo mencionaba: dijo que él había estudiado teología y que vivía en Cantabria, pero que ahora era director de la Iglesia del barrio.

Clara le decía en medio de risas: "Entonces vamos a ser un buen equipo, y ya verás que trabajaremos mucho tiempo". Su nombre en el sueño era Ismael, era gordo, grande y de aspecto bonachón nórdico».

Relacioné el sueño de Clara en el apartamento de dos hombres, uno viejo y otro joven. Esta fue la sensación de mi hermano al despertar.

Con el paso del tiempo me di cuenta de que mi esposo sí tenía nexos de haber sido sacerdote en otra existencia y que debido a experiencias desde allí, vino a retomar su mundo espiritual, de otra manera, ya que cuando lo conocí me dijo que era ateo, de igual manera con mucho interés en investigar y saber sobre todas las religiones y entender que a menudo en todas hubo fanatismo.

Ejercita el distinguir desde cada sueño, qué personaje montado en las personas que aparecen en él representa a alguien conocido o desconocido, analiza o a través de esa persona de acuerdo al significado que ella tiene para tí qué te está tratando de comunicar: por ejemplo, relacionado con tu profesión, manejo de tu abundancia, masculino, femenino, otra existencia, personas que luego aparecen en tu vida, nexos, etc.

Al rescate, del mensaje

Desde el kaledoscopio de nuestras visiones las cuales desfilan con personajes, lugares y símbolos desconocidos, debemos soltar nuestra razón y conectar con la información que al despertar nos vendrá repentinamente o quizás a través de un evento el cual ya estará visible para encontrar el significado. Como le sucedió a *Alicia en el país de las Maravillas*, quien realizó su viaje psíquico al caer en un hoyo en el no tiempo, y entró en su propio carrusel de eventos que la llevaron a su propio mundo mágico interior. Lo mismo sucede con nosotros cuando caemos en nuestros viajes oníricos a rescatar lo importante y esencial de ellos para hilar nuestra vida y sus aconteceres. Para nuestro viaje psíquico, nuestras búsquedas interiores, no existe el tiempo porque todo se convierte en eternidad

Los umbrales en los sueños, aparecen como caminos, túneles, salones, espejos; lugares los cuales para cada uno de nosotros tienen un contenido relacionado en la vida real. Hay que hacerles seguimiento para descubrir bajo esta apariencia, qué está escondido y sacarlo a la luz.

Los sueños de cierta forma, son estados alterados de consciencia que varían en cada persona de acuerdo al trabajo consigo mismo, y dentro de ellos se encuentran nuestras verdades reveladoras de los juegos del psiquismo.

Cuando realizamos actividades físicas intensas, tales como largas caminatas, subir una montaña hasta llegar a la cima, se abre la glándula pineal la cual activada producen estados alterados de consciencia o un estado similar a las visiones que tenemos en los sueños, las cuales en el no tiempo parecen un pequeño video que sucede en lapsos muy pequeños de tiempo de esta realidad.

Los retiros de silencio, donde las actividades de la mente son suspendidas son también espacios donde sueños cruciales llegan para darnos claves importantes.

El siguiente sueño está conectado, a un ejercicio que hice antes de acostarme en un momento donde estaba comenzando a vivir mis sueños, desde la observación dentro del sueño, me explico, estar dentro del sueño y darmenos cuenta de que estábamos soñando.

Por sugerencia de un amigo cercano que también explora realidades alternas, me dijo que antes de acostarme hiciera una visualización de una fantasía en la cual yo participara como si fuese real. Yo elegí volar como si cabalgase en delfines, por el aire, con un grupo grande de ellos.

Me dormí de inmediato y este fue mi sueño:

«Vivía en el fondo del mar y no había gravedad, quiere decir que caminaba segura en la arena con mucha agua transparente por encima de mi, ya que vivía en una ciudad submarina. Cuando pasé al otro nivel del mismo sueño, me encontraba trabajando en una piscina allí mismo dentro del océano y mi actividad estaba relacionada con entrenar unos caballos acuáticos hermosos, con tonalidades blancas e iridiscentes, no eran salvajes, pero les enseñaba a cabalgar dentro del agua, en este caso la piscina».

Cuando me desperté sentí que había estado en un lugar muy familiar para mi, dentro del cual vivía a gusto y además estaba en contacto directo con la tierra y al mismo tiempo con el agua. También me pareció que el trabajo que realizaba me hacía feliz y tenía los dones y habilidades para ello.

Inicialmente en ese momento me pareció una película casi de ficción., Años más adelante me di cuenta de que era muy hábil en manejar el mundo emocional propio y de otros y que las actividades que realizaba en lo cotidiano me permitían enseñar a otros a cómo manejar los movimientos en sus relaciones a través de sumergirse en sus mundos interiores.

2
LUGARES ONÍRICOS: LA REALIDAD DEL SUEÑO Y EL SUEÑO EN LA REALIDAD

Viajes que encontré a través del umbral de sueños en períodos diferentes

Revelaciones desde los sueños ¿Donde nos integramos? Condiciones mínimas para comenzar nuestro viaje en el no tiempo.

Predecir un viaje es un imposible, lo mismo sucede con los sueños. Ellos son viajes interiores a territorios desconocidos y conocidos que se dan sin un orden establecido.

Hay mapas para llegar a lugares conocidos o a sitios elegidos, pero en la mayoría de los sueños habrá que reconocer, los portales y símbolos que se abren para penetrar el misterio y conectarlos a la realidad vivencial.

En mi destino de viajera dentro de las actividades y estudios que he realizado siempre me llegaron los lugares con mucha anterioridad al momento del suceso.

Recuerdo que desde pequeña solía ver sin entender aún lugares a los cuales llegaba y los reconocía por haber estado en sueños en ellos.

Antes de vivir en las islas Baleares, comencé a tener sueños repetitivos con islas rodeadas de agua, cuando me despertaba no entendía su significado, el cual se reveló con claridad, en especial cuando aterrizaba en ellas y siempre reavivaba estas imágenes que ya estaban almacenadas en mi psiquismo.

La clave de todo viaje es saber trasladarse a aquellos lugares que tienen vibración energética y tiempo en correspondencia a la elección que sea haga, desde allí parten las motivaciones que se tejen alrededor de un viaje externo o interno.

Por eso estar sintonizado al destino donde se viaje es fundamental. Es posible que en la necesidad del alma del elemento agua, hubiese salido a buscar estos lugares paradisíacos y solitarios donde elegí vivir.

De allí en adelante siempre hubo conexión no solo de territorio sino de misiones o tareas las cuales realizará con encuentros y conexiones en cada lugar.

Mis primeros dieciocho años de silencio durante la niñez y adolescencia, me prepararon para el aprendizaje de mantenerme conectada al umbral de sueños, el cual es una dimensión interior para recorrer otras realidades de una manera astral, a través de los sueños, o trasladarnos a lugares antes del tiempo.

Mientras estudiaba, en el colegio y ocupaba mi tiempo entre el conservatorio y la música fui preparando mi psiquismo para soñar y recordar mis sueños. Fue una etapa donde el silencio infantil y el sonido fue la arquitectura ideal para construir esta dimensión onírica.

Más adelante en retiros de silencio de varios días, los sueños me revelaron información del no tiempo a la que llamaré: pasado-presente–futuro, creando puentes de integración a nivel celular en mis cuerpos que, conectados a la vida, convirtieron los sueños en llaves para abrir lugares claves dentro del viaje interior y poder distinguir desde el Ser, aquellos lugares que necesitaba visitar en esta vida para integrarme.

Mi primer retiro de silencio de once días fue a los treinta y cuatro años y el segundo fue a los cincuenta y cuatro, ambos en finales de ciclos y mientras vivía en Inglaterra.

En ambos espacios de tiempo y silencio llegaron informaciones claves en los sueños, que me ayudaron a visualizar mi presente conectado a mi realidad futura. La experiencia de un retiro de silencio de once días es grandiosa: el no tener teléfonos, de no hablar con nadie por mucho tiempo, no leer, ni siquiera de mirar el reloj, simplemente entrar obligadamente a ir adentro nos lleva a un cansancio tan grande al comienzo por el exceso de palabras al que estamos acostumbrados, que después del tercer día de estar en esta experiencia entré en mi vacío interior .

De inmediato me sintonicé con mi universo y desde allí en el sueño de esa noche llegó la experiencia onírica a través de una voz que me dijo: «Tú vienes de Efeso (del latín *Ephesus*) y fuiste a encarnar o nacer en Sudamérica». Nunca había escuchado esta palabra o lugar en mi vida.

Después de salir de este retiro, entendí mi procedencia. Fue algo memorable. Información que mantuve por varios años hasta que más adelante llegó su resolución y comprendí sobre mi pasado cuando viajé a Éfeso en Turquía veinte años más adelante. Éfeso fue en la antiguedad una ciudad de Asia Menor, en la actualidad Turquía. Fue una de las doce ciudades jónicas a orillas del mar Egeo.

Después del sueño comencé a investigar dónde era Efeso; años más adelante cuando conocí a mi esposo: al encontrar a una señora en el pueblo que acababa de llegar del templo de Artemisa en Efesos y desde allí comencé visualizar el organizar un viaje que fuese especial para visitar este lugar. Tuve que esperar por veinte años hasta que el momento se presentó e ir a conocerlo. Estando en Forest Row otro pueblo diferente, comencé a estudiar con un grupo de la antroposofía sobre el apocalipsis y las siete congregaciones dentro de las cuales estaba Éfesos. Las siete congregaciones del Apocalipsis de San Juan en el libro de las revelaciones son: Efesos, Esmirna, Sardis, Tyatira, Pergamon, Filadelfia y La Odisea.

Con anterioridad, y durante el viaje, leímos cada congregación para recibir la información en cada una. Relacionándolas a sus correspondencias tanto en civilizaciones y en planetas.

Efesos estaba relacionada más con la época de la civilización o cultura Hindú.

Esmirna con la época de la civilización Persa y Mesopotamia.

Pérgamo con la época de la cultura Egipcia.

Tyatira con la época Greco-romana.

Sardis época actual.

Filadelfia época futura.

La Odisea comunión, comunidad.

Iluminando nuestra sabiduría las puertas del cosmos nos regalan en esta iniciación que puede ser interna entregándonos sus principios donde se da la unión del pasado-presente-futuro. Este viaje se dio en el mejor momento, justo después de la partida de mi papá y dentro de la preparación anticipada al viaje, estuvimos reuniéndonos semanalmente por un año estudiando en detalle y profundidad la Revelaciones del Apocalipsis de San Juan desde la antroposofía.

Fue así como un grupo de veinte personas se organizó un viaje de estudio a Turquía para visitar estos lugares sagrados y especiales de la antigüedad.

Antes de mi viaje a Turquía coincidió con un momento crucial en mi vida que mencioné antes y fue la despedida final a mi padre y el segundo retiro de silencio que hice bajo la técnica Viphasana, donde tuve varios sueños todos relacionados con mi futuro y con el viaje a Turquía; en uno de ellos tuve las visiones de los templos que en cuestión de un mes visité en Turquía de los cuales el más visible y claro fue la biblioteca en Efesos. Al llegar a cada lugar, tenía no solo la memoria del pasado, sino de reconocer mi pasado allí visto y ahora vivido a través de los sueños que anunciaron el lugar. Sentí que desde la revelación de Efeso, la muerte de mi padre y mi visita a Turquía, tuve una re-unificación con mi pasado espiritual donde simplemente sentí grandes cambios internos.

Grecia fue otro lugar clave, en mi unificación celular.

La sexualidad sagrada llamada actualmente tantra me viene de Grecia y los templos de la diosa, en encuentros especiales reconocí mi sacerdocio energético y creativo. Lo sagrado desde la energía creativa solo se comparte con aquellos que reconocen, el valor del alma. Sabía que la creatividad y la sexualidad estaban íntimamente conectadas y que muchas personas aún no han comprendido el valor de saber distribuir esta energía en el cuerpo para usarla en el propósito personal.

Esta información se activó cuando a mis treinta y tres años llegué a estudiar inglés a Londres y conocí un personaje que en cuestión de un mes, se reveló como una relación con quien había ya investigado la sexualidad sagrada y el saber llevar la energía desde el chacra raíz a nutrir todos los chacras hasta la coronilla y respirando hacer una órbita cósmica.

Mi sueño al conocer este hombre, fue verme con él en otra época en los templos griegos, exactamente en las mismas posiciones que cuando le conocí y tomábamos sol, se comían las uvas allí. Solo con reconocer las posiciones corporales que solíamos tener en el presente, pude ver a través de este sueño que ya nos conocíamos y que estábamos allí para terminar un ciclo.

Revelaciones en sueños: ¿Dónde nos integramos?

Al momento de verle, sentí que teníamos vínculos del pasado, desde la primera semana comencé a tener sueños de él conmigo bajo otra apariencia física en templos griegos, la confirmación fue casi inmediata. Dentro del mensaje del sueño estaba el cerrar en este encuentro un ciclo que quedó sin cerrar allí. A través de mis sueños me di cuenta de que no sería una persona para tener una relación cercana o duradera en esta existencia.

Ambos supimos distinguir que el encuentro era solamente para realizar el cierre, el cual se dio de una manera especial y fue muy poderoso como intercambio para ambos, cada uno cogió el camino que indicaba el propósito del presente.

No debemos caer en el error de repetir ciclos enganchándolos en relaciones que nos atraen y que tienen cada una su propósito, el cual hay que saber distinguir, para ellos, los sueños fueron una vez clave.

¿Quién soy en el presente con relación a mi futuro?

¿Cómo integrar la información para oraculizar el devenir?

Son preguntas que hay que hacer en encuentros energéticos para no repetir o quedarse en relaciones que solo son pasajeras.

«El Ser en tres instantes del pasado-presente-futuro integro a mis registros akásicos trayendo al presente la información y conocimientos del pasado.

Ser viajera del tiempo, es saber penetrar el destino transformándolo.

De esta manera nuestro doble energético, llamado en la actualidad doble cuántico, se traslada haciendo conexión con información que está en otra existencia, en el período de gestación, al momento de nacer, en nuestra infancia, adolescencia o en algún período anterior o pasado, trayendo al presente lo que sea necesario y de igual manera los muchos seres que cada día estamos en capacidad o con la facultad despierta del ver hacia nuestro futuro traemos información que pueda servir en el presente.

La unión de estas tres instancias, las cuales a través de los sueños se activan, brindan anticipadamente toda clase de eventos que aún no suceden para los cuales nos podemos preparar. Un ejemplo es saber a través de los sueños acerca de la muerte de un ser querido y de alguna manera realizar el duelo o terminar asuntos inconclusos con esta persona, como parte de este fin de ciclo».

Condiciones mínimas para comenzar nuestro viaje en el no tiempo

Este fue mi sueño relacionado.

«Placenteramente estaba cayendo al vacío desde muy alto. Fue una sensación inigualable, ya que se abrió un espacio arriba y sin pensarlo caí en cámara lenta, no sabía donde iba pero tenía la certeza de que iba a donde no iba a hacerme daño ni a lastimarme en la caída, era una ciudad o vi también un río en el centro era mi imaginación pero me entregué a la sensación de ir en cámara lenta flotando.

La confianza en que caería suavemente era muy importante.

Como el cielo se abrió en un momento inesperado, sabía que estaba preparada para ese momento. Al principio estaba intrigada y luego me di cuenta que era algo muy positivo. Luego pasé a otro sueño de agua y me dije: "me siento también metida en el agua..." Nadaba y me dejaba llevar por agua transparente, luego encontré a Alfredo un amigo quien es ermitaño.

En silencio me llevó a un lugar. Debía cruzar un río pero me di cuenta de que estaba con ropa y debía coger otro camino diferente por tener ropa para no mojarme. Llegaría allí por un río, a mi llegada vi personas haciendo ejercicios que yo hacía y estaban como bajo efectos de alucinógenos, pero yo en natural tenía efectos similares».

Mis movimientos eran lentos.... Para cada persona existe un significado de lo que es el vacío, puede ser entrar en el silencio, como me llegó en este sueño. Durante la vida he tenido en diferentes momentos sueños de caer desde el vacío, a menudo, como indicativo de seguir el flujo, soltarse, penetrar lo desconocido. Dejar una vieja vida, soltar máscaras, desprenderme de lo innecesario. El personaje desde mi amigo Alfredo me hablaba también de estar en estado de silencio, que es como se representó en el sueño el mensaje de mi amigo ermitaño. El segundo mensaje con respecto al agua y la ropa, me hablaba de que había dos opciones en cruzar el río, o lo que debía decidir en ese momento.

El estar sin ropa es también análogo a dejar al descubierto o al denudo la personalidad y pasar el río desde la esencia, lo que harían que el viaje fuese más liviano.

¿O el elegir otro camino y seguir vestida?

También al llegar al lugar final de este sueño, veía que algunas personas elegían formas de entrar en estado alterados de consciencia con plantas que llegaban temporalmente al mismo lugar de experiencias que día a día se tienen a través de los sueños, pero que algunos eligen ir por un camino corto y pasajero o sin efectos de construír estos puentes internos a través del trabajo con la personalidad.

Llegaría a un lugar que tenía afinidad con mis actividades pero sin la ayuda de alucinógenos y más bien elegí entrar en estos estados meditativos activos o pasivos con efectos muy similares como sucede en los sueños, donde se también se tienen visiones y se viaja a través de un trabajo interior en la personalidad a través de la auto-observación y el incrementar nuestra consciencia despierta: diurna y nocturna.

La recomendación o condición mínima para realizar estos viajes internos, es mantener el estado de alerta constante durante el día, donde trae mucha más lucidez en los sueños.

3
¿QUÉ DEBES LLEVAR CONTIGO EN EL VIAJE?

Sentidos internos, consciencia y reconocimientos de cuerpos energéticos que viajan: el doble, el alma, memorias etéricas. Recorriendo y develando el inconsciente propio, familiar, colectivo para llegar a la supra-consciencia

¿Cuáles son los sentidos internos?

Como en todo viaje hay que llevar cosas imprescindibles, sin las cuales sería imposible atravesar territorios y lugares, de igual manera para ir dentro del mundo onírico y sus territorios los cuales en su mayoría son desconocidos e inesperados, hay que tener el sentido de alerta o estado de consciencia despierto desde el observador, lo que facilitará distinguir donde nos encontramos dentro de nosotros mismos en vigilia y durante el sueño. Todos estamos en la práctica cotidiana que a mayor estado de atención y de observación más nos encontraremos aptos de reconocer símbolos, señales, encuentros, lugares de caos o de bendición, reconocer pruebas y saber protegernos, lo cual implica saber en muchos casos desde donde estamos viajando, para ello será mejor aprender a reconocer en el estado de vigilia lo que sucede con estos cuerpos, ya que durante la noche, ellos se mueven a velocidades diferentes por entrar en dimensiones sutiles.

Instrucciones para motivar los sueños desde sentidos internos:

- Mire sus manos en su imaginación antes de irse a dormir.
- Relajarse primero entregándose por completo al descanso.
- Fundirse con la almohada, la oscuridad y el silencio es indispensable.
- En la profundidad de su psyche viajará tan lejos como quiera llegar.
- Mientras más descienda a estados alfa de relajación total, más lúcido entrará en sus sueños, desde donde se observará.
- Tenga la certeza de que recordará con detalles las imágenes al mismo tiempo que se encuentra presenciando dentro los sucesos.
- Al despertar, permita que su intuición, Ser superior, doble energético tomen las riendas y traigan de inmediato el mensaje lo más completo posible.
- Despacito, no se mueva aún de la cama, espere a que la visualización de las imágenes se armen por completo, sino llegan de inmediato esperar, a algunas personas los sueños se terminan de integrar en la vigilia de un momento a otro, trayendo iluminaciones instantáneas.
- Practique a diario, para volverlo una investigación de usted misma o mismo.

Vehículos: cómo reconocer el cuerpo en el que viajas: sub-consciente o doble energético

Para algunas personas la mente sub-consciente almacena cada uno de los recuerdos de nuestra vida, está presente, cuando estamos despiertos, dormidos, conscientes o inconscientes. Se encarga de los procesos automáticos del cuerpo, a través de esta mente rescatamos información que no recordamos, traemos momentos o palabras que no recordamos, siempre y cuando la tengamos entrenada. Es una parte de nosotros que ha venido a servirnos y que obedece a nuestros mandatos y búsquedas. Hay que reconocerla, para darle mejor uso.

Dentro de nuestro psiquismo habitan distintas mentes y en cada cuerpo energético hay posibilidades de encontrar información guardada o registrada a través de el comienzo de la vida, incluyendo desde el vientre materno. Desde nuestros diferentes cuerpos podemos observarnos y estar recibiendo información siempre y cuando exista claridad de que cada cuerpo su memoria.

El cuerpo físico tiene la memoria de los sentidos, las emociones que quedan registradas a través de experiencias y conversaciones o palabras y desde sus órganos y sistemas se debilita o fortalece en nuestros procesos sanadores. Ejemplo: los hombros en muchas personas se debilitan de cargar no solamente peso, sino también situaciones y problemáticas desde otras personas.

El solo hecho de comer algo que quedó grabado como un evento o una conversación agradable o desagradable, es una forma de codificar emociones o descodificar para tener salud. Cada uno de los sentidos físicos tiene una memoria.

A través de las posiciones del cuerpo nos damos cuenta de emociones como el miedo, el orgullo, el cansancio como producto de una situación sostenida a través del tiempo. La piel también se debilita como órgano a tener una sobrecarga proveniente de los alimentos inadecuados o también de protegerse ante situaciones permanente de violencia verbal, de comunicaciones que restan la confianza; ya que a menudo esta sobrecarga sostenida termina por romper el equilibrio y allí aparecen síntomas tales como alergias, enrojecimiento, o condiciones crónicas inflamatorias como resultado de algo que se ha guardado y no se expresa o no se libera bien sea a través de ejercicio, estado de alerta.

Luego tenemos el cuerpo etérico que es donde está grabada nuestra información de vida, lo distinguimos cuando llegamos a un lugar y lo sentimos como familiar o cuando conocemos a alguien y reconocemos que existe un vínculo inexplicable, el cuerpo etérico se puede también recargar de información que se puede procesar a través de movimientos curativos tales como la euritmia, feldenkrais, la respiración, entre otros que nos hacen tomar consciencia de comunicaciones sutiles.

Un ejemplo de recarga del cuerpo etérico se observa en personas que se ven cansadas y que su energía vital está permanentemente disminuida, hay personas que no dejan de pensar y su glándula tiroides comienza a actuar en deficiencia y la energía vital se pierde. Las personas que trabajan en exceso y al mismo tiempo usan mucho su cuerpo mental, son personas que tienen tendencia a perder peso, desde lo que está des-armonizando este cuerpo. A menudo por una sobre actividad en la glándula tiroides, ya que todo el cuerpo tiene sus puntos claves.

El cuerpo astral es donde están las emociones y reacciones y desde allí se originan muchísimas problemáticas que afectan la salud, debido al exceso de rabia, o al exceso de miedos, o aquellas partes del ego que a menudo agobian como la ansiedad, la angustia, los celos. En este contexto, se puede manifestar una forma energética equivalente a cada ego que de cierta manera toma un suministro de energía considerable y debilita el cuerpo físico en el largo plazo. Ejemplo: la rabia intermitente, las explosiones inesperadas, las reacciones agresivas a menudo terminan por enfermar el cerebro al disminuir el flujo de sangre al cerebro y a menudo pueden producir derrames o mini-derrames cerebrales.

Inclusive se ha estudiado meta-físicamente que esta energía también crea un campo que, en el espacio donde se comparte con otros, forma una atmósfera tóxica para otros o el entorno y se puede percibir. El cuerpo mental está lleno de pensamientos, ideas, fantasías, juicios, que si no se procesan y se vuelven repetitivos pueden llevar a una persona a no dormir bien, a aferrarse a ideas erróneas u obsesivas.

Luego viene el cuerpo espiritual donde a través del trabajo en si mismo y del darse cuenta a través de la auto-observación se eliminan las barreras anteriores. La meditación y los sueños ayudan, también los movimientos y danza.

Obviamente yendo a cada cuerpo y extrayendo la información que se ha guardado en el inconsciente que es como un talego lleno de cosas que pertenecen o llegan a través de los diferentes cuerpos estamos en capacidad de leer desde los diferentes cuerpos y su lenguaje. Es una práctica que debe ser diaria y del lenguaje personal.

El subconsciente tiene la misma forma energética de nosotros, viaja sin tiempo ni espacio, y en ella no hay tiempo es atemporal. Cuando hemos reconocido el subconsciente que algunos llaman el doble energético y se ha entrenado, este cuerpo sutil se pone al servicio de cada uno de nosotros y puede inclusive ayudar a realizar encuentros, encontrar lo que se necesita, recordar palabras, ya que es aquella parte de nosotros que viaja sin tiempo y espacio y puede también encontrar información de nuestro inconsciente.

En mi juventud cuando aprendí a manejar este doble energético, o mente sub-consciente, como lo llaman algunos cogimos etapas de nuestra vida por períodos de siete años, comenzando por el primer año, el segundo y así sucesivamente.

La semana o el mes que escojamos traer determinada información debemos estar atentos durante el día a día para ver a través de qué medio nos llega el mensaje, en la generalidad se distingue por un brillo, una seguridad, una firmeza en saber que nuestra respuesta nos está llegando de una manera clara.

Doy un ejemplo: no recuerdo nada de mi primer año, doy la orden al subconsciente de traer por espacio de un mes diariamente información sobre aspectos positivos o negativos que queramos explorar y quedamos a la espera en la vida cotidiana.

Al día siguiente puede que se encuentre un video de un bebé con determinadas características y nos reconocemos que hay algo en esa información que corresponde a nosotros y así sucesivamente. Por motivo de mis viajes y el movimiento de una ciudad a otra, siempre uso mi mente sub-consciente para buscar casas con las condiciones que las necesito: primero hago una lista muy precisa y específica, que le entre el sol, que sea iluminada, que sea en un vecindario sin alboroto o ruido, etc. Y al mismo tiempo aplico a una oficina de alquileres, le cuento a personas, como se diría, riego la bola de que estoy buscando casa en tal lugar, inmediatamente me relajo y espero a que lleguen dentro de las posibilidades que la vida día a día presenta ya que el subconsciente ha viajado ya a encontrar la mejor opción.

Puede que aparezcan tres opciones y simplemente reconozco siempre la adecuada de acuerdo a requisitos y a que confío plenamente que el subconsciente estuvo ya haciendo su trabajo. Una práctica que hago con frecuencia cuando olvido palabras o nombres de lugares o personas, le digo a mi interlocutor, espera un momento que enseguida te digo la palabra y envío calladamente con una orden firme a mi sub-consciente a traer la palabra, lugar que necesito y en cuestión de unos minutos llega.

Se puede usar también, cuando uno va a llegar tarde a un lugar donde se necesita actualizarse y se envía al subconsciente para cuando uno llegue, ya tenga incorporada la información que se ha perdido del comienzo. No suelo llegar tarde, pero en casos donde a veces hay tráfico y uno se atrasa. Con el sub-consciente o doble energético se ahorra tiempo, con el inconsciente, se accede a información guardada.

Recorriendo y desvelando el inconsciente propio, familiar, colectivo para llegar a la supra-consciencia

Cómo definir algo que no ha sido enseñado sobre su existencia, mecanismos de aparición de respuestas bien sea a través del cuerpo o de comportamientos, hay que pasarlos por varios filtros mentales, emocionales, a los cuales hay que revisar para poder develar cual es el verdadero mensaje que viene desde el inconsciente, propio, familiar o colectivo.:

Ejemplo: cuando alguien muere a menudo deja algún objeto simbólico a miembros de la familia y a través de ello se asocia a su significado, a una amiga su tía a través de un primo, le guardó unas aretas de oro de filigrana y esto en si mismo tiene un significado intrínseco con la abundancia, asuntos familiares relacionados con riqueza, pero bajo la forma de filigrana que es algo tan elaborado desde el arte tiene también su símbolo.

Un ejemplo del inconsciente colectivo está relacionado por ejemplo con la información de peligro que se asocia con una ciudad, en el caso de Medellín en el pasado la asociaban con la mafia y para muchas personas en su inconsciente hay una información muy fuerte de miedos que han quedado grabados y latentes en momentos donde se vuelve a repetir algún evento similar, no en todo el mundo, pero si en personas afectadas.

Un ejemplo con respecto al inconsciente propio es alguna información que activa una problemática de salud, por ejemplo, una alergia, cuando se viven conflictos de abandono emocional, u otros y esta información se activa cuando se repiten circunstancias en diferentes épocas de la vida, a no ser que se haya resuelto.

Desde el inconsciente personal traemos toda aquella información que se graba y que sin saber en momentos, va saliendo en el momento más inesperado bajo formas diversas y es por eso que si están ancladas y salen a la superficie es importante saberles hacer seguimiento. Al ser algo tan amplio, es una forma de tomar dirección de acuerdo a situaciones que aparecen y que dependiendo del impacto, nos llevan a tomar determinaciones.

El siguiente sueño es un ejemplo como desde mi inconsciente me llega una información para mirar desde mí:

«En el sueño me dirigí a un lugar subterráneo con personas amigas, entrábamos a una dimensión con una llave o abriendo este lugar con una clave. Era una zona de barro café. No era desagradable porque era con agua de mar y un lugar solitario. Estando allí llegué a una zona donde estaban reunidas unas personas, entre ellas, Rosalba mi tía, quien estaba amable y nos acogió en su mesa a mi y a alguien más. Sentí que fuí a recibir de ella: trabajo con comunidad y ser líder en ello».

Mi tía es líder en una zona en Urabá cerca al mar, fui allí por algo que sería clave para mi vida, me estaba dando el mensaje de volver a usar dentro de mi el liderazgo comunitario, en una dimensión nueva que se abriría y que estaría relacionada con cambios cuando se pasa a nuevas dimensiones en la tierra, para lo cual hay que tener la llave.

El inconsciente familiar es toda aquella información a través de la genética, los ancestros y la familia.

Dentro de nosotros tenemos una librería viviente de información sobre nuestra genética, éste está más relacionado con el inconsciente familiar, asociado a recuerdos guardados, actos o palabras registrados, sonidos, olores, sabores de eventos familiares.

A esto le agregaría las distorsiones que se forman por juicios o actitudes que se van formando desde el ego o desde la sombra y que a menudo salen en terapias, o reconocemos a través del arte, o a través de la meditación y retiros de silencio.

Vivir lo inconsciente es comenzar a comprender este lenguaje, y sus códigos a través de las imágenes. Desde el inconsciente personal se conjuga al inconsciente familiar o colectivo con aquello que tiene puntos comunes y que trae activación de acontecimientos que se organizan de acuerdo a las necesidades personales. Estamos unidos para manifestar lo que viene del inconsciente.

El inconsciente colectivo: son las miles de experiencias universales de todas las informaciones de los habitantes del planeta. Como recibimos diariamente tanta información que llega a bombardear nuestra mente, si no nos detenemos y hacemos un cedazo de seleccionar aquello que nuestra esencia y alma necesitan, lo cual se reconoce cuando se hace un trabajo intenso de consciencia a través del estado de alerta permanente estaremos más en contacto en entender los mensajes de la mente inconsciente. Por ejemplo, cuando hay mucho estrés en un ambiente, una ciudad, un grupo de personas, se capta desde una sensación de pesadez… Me pasa cuando voy a grandes ciudades, donde no solo hay contaminación ambiental, sino psíquica.

Nuestras enfermedades y problemáticas que quedan registradas en el cuerpo y que al acumularse sobre órganos o sistemas en debilidad y las soluciones definitivas, a veces ni siquiera están en manos de otra persona, pero si es necesario otra persona que nos ayude desde afuera a distinguir desde donde ha surgido la causa de toda problemática.

Las enfermedades y el inconsciente. El inconsciente y los sueños

La hipnosis o regresiones, como material para ir a fondo a alfa.

En muchas ocasiones he participado de regresiones y de sesiones de hipnosis, siempre con el propósito de hilar información del presente con lo que saliese de muy adentro.

El arte es una manera de cómo, desde el color y el vacío de la creatividad, se pueden revelar verdades desde el inconsciente. Cuando se pinta de una manera meditativa, se entra en procesos intuitivos muy profundos, en especial cuando se escoge un tema a trabajar, puede ser biográfico, investigativo, de estudio de una temática, o simplemente lo que llegue, es otra de las formas de traer información. Pondré el ejemplo de una clase de pintura donde estuvimos pintando acerca de las energías de tres planetas en particular, asociando el proceso del color, en sus diferentes etapas.

Comenzamos por el planeta Marte y para ellos usamos el rojo, luego pasamos al planeta Júpiter y pintamos en naranja, partimos desde el centro hacia la periferia, para finalmente enmarcar lo anterior con la energía de Saturno y el color azul. En cada etapa meditativa vinieron para mí imágenes relacionadas con mi experiencia desde mis conocimientos de astrología, el planeta, y llegó una experiencia relacionada con la comunicación entre ambos y como se estaba dando una fusión silenciosa de transmisión de la escritura (mi esposo es periodista) yo dentro de la experiencia del color sentía que desde su garganta recibía en la mía esta sutil comunicación que seguramente verificaría en un futuro. Luego, cuando pasé al naranja por estar muy conectada con la energía expansiva del planeta Júpiter y el color naranja, fue más bien un recordar de la alegría y el goce, y cuando llegó

Saturno a enmarcar lo anterior sentí que los límites a mi experiencia me estaban enseñando, transmitiendo algo muy concreto y trayendo a la luz la experiencia que se dio pintando y en nuestras vidas y experiencias propias.

Cuando ya vino el final de la pintura había que dejar todo lo que habíamos hecho y crear la obra final con lo que ya quisiéramos terminar y fue allí cuando puse en mi intención terminar esta pintura con la casa interior mía adentro, en ese momento, y así quedó registrada. Cuando mi padre murió al igual que lo hago con otras personas cuando se marchan me internalizo a través de una pintura relacionada conmigo y esa persona.

El ego y los trabajos explorando el inconsciente

La siguiente es una analogía sobre el inconsciente desde una clase de Jung y su descripción: «una isla en medio del mar y su profundidad. La isla es la consciencia; cuando se baja a bucear, hacemos exploraciones en el inconsciente Mientras más bajamos más podemos encontrar».

Mi descripción del inconsciente es la siguiente:

Somos una librería viviente a nivel interno y externo y ambas están presentes, cuando necesitamos extraer eventos del pasado vamos a nuestros registros, de igual manera a los eventos del futuro, ya que el presente es aquí. Dentro de esta librería hay libros abiertos y leídos a fondo, otros a medio abrir, otros los hemos abierto y posiblemente no los entendemos y los hemos cerrado, otros los hemos tenido en nuestra biblioteca por curiosidad y es posible que hayamos salido de ellos, otros están aún sin abrir.

Algunos libros nos los han regalado, otros los hemos escogido leer, algunos los estamos guardando para momentos especiales o para consultar cuando se necesite y quizás algunos nos han gustado, pero los hemos cerrado dejando algún capítulo por repasar. También estamos diariamente escribiendo en el propio libro de vida y haciendo cambios.

Lo fundamental en todos estos libros es que toda la información está dentro de nosotros y a veces se puede leer afuera, porque hay conexiones de almas, y porque se lee en otros desde la esencia. En otros casos se lee desde las creencias o patrones lo que termina desviando un poco lo que allí aparece, en otras ocasiones es donde nuestros valores fundamentales aparecen y se pueden a veces mezclar con las creencias.

Cuando día a día antes de ir a la cama hacemos el ejercicio de revisar lo que hemos escrito durante el día a través de encuentros, experiencias, frases que han quedado, visiones, tenemos la gran oportunidad de corregir de inmediato nuestro libro y escarbar en información que es útil, inútil, innecesaria, que ha afectado al ego o que ha clarificado nuestra esencia.

Ejemplo: me encuentro a alguien que en una conversación callejera me dice algo extraño y como esa otra persona tiene su propia librería, información, libros y forma de leer, me resuena por ser una opinión proyectada o por ser una verdad.

Por eso es fundamental aprender a discernir…

Es mirar esos momentos que aparecen en la revisión nocturna en nuestra pantalla y magnificarlos para entenderlos. Cuando vamos a la cama es un momento donde nos desconectamos y entramos en un contacto muy cercano con nuestro ángel guardián, además de descansar el cuerpo físico nuestro cuerpo etérico procesa y selecciona lo que sirve y a menudo a través de sueños no relacionados llega otra información que está fuera de esto que ya se digirió y así se va teniendo mucho cuidado de no guardar información que no sirve.

Por eso es desde cada persona que se deben analizar los sueños y mensajes, en grupo se consiguen resultados de más visiones, inclusive con una sola persona que se tenga afinidad para aclarar, pero desde el fondo siempre hay información oculta para el otro. De allí, la dificultad de colocarse en los zapatos del otro, lo que si ayuda mucho es a tener encuentros donde a través de unir varias mentes y visiones se obtiene claridad.

Los sueños, los mitos, los cuentos, el ego y sus diferentes máscaras son filtros para encontrar significados de las exploraciones. Estamos conscientes cuando establecemos diferencias. Nuestra verdad y la del otro están en congruencia cuando a pesar de las diferencias cada uno conoce sus verdades cuando ha bajado a sus comportamientos inconscientes. Desde el espejo se puede ver mejor la reflexión.

Hay personas que por ser parte de su vida desde pequeñas, saben desde si mismos entender su propio lenguaje onírico.

Viajar a la dimensión de lo inconsciente para sanar el cuerpo y encontrar soluciones desde las emociones y la mente. Este es el sueño de una amiga acerca de su preocupación actual desde su inconsciente personal:

«Había una señora muy loca en su casa que quería salir de ella, era alguien como humilde y desubicada. Para sacarla pidió ayuda a la autoridad llamando la policía. Le daba mucha rabia que no se fuera. No quería que siguiese allí, cuando la policía se la llevó y se enteró de que sus papás estaban muy encartados con la mujer».

Cuando le interrogué sobre el significado para ella, me dijo que no quería que estuviese allí, porque le parecía fastidiosa y desubicada.

A lo que le pregunté que si estaba siendo obsesiva y fastidiosa con alguna situación de su vida, a lo que contestó que ella estaba pasando en ese preciso momento con un evento relacionado con su pareja y el baño común que usaban.

La mujer, en general, quiere que los baños estén muy limpios y tiene una prevención con el aseo. Ella, al tener en el momento su esposo una infección urinaria, le pidió a su marido que usara el otro baño, pero él lo había olvidado. Lo que le agregué ya sabiendo esta situación, es que fuera más hondo y analizara su fastidio o rigidez hacia el exagerado aseo o preocupación por lo higiénico.

Igualmente le dije que él sueño traía otro mensaje y era no dejar entrar su cerebro derecho e intuición que a veces era una loca en casa y que la aceptara para desbaratar o flexibilizar su lado razonativo.

La policía está relacionada con su autoridad para definir qué hacer con una situación donde hay que des-encartarse ya que en el sueño sus papás estaban encartados con ella y es posible que le hayan dejado esto para ella solucionar.

La mujer ha aprendido a explorar su inconsciente el cual es algo propio.

Todos vamos elaborando día a día la supraconsciencia en la medida que vamos siendo conscientes de nuestros viajes interiores y las posibilidades infinitas que tenemos desde adentro. La unión con la divinidad y la toma de desiciones de esta parte que crea y que sabe desde nosotros es la que permite la unión con todo, a veces no se necitaría ni leer libros, ni ver películas porque nosotros seríamos directamente los que bajamos la información que necesitamos.

El inconsciente colectivo

Las mentes pueden estar conectadas, por ejemplo, se da en los sueños o cuando se tiene una relación cercana con alguien. O inclusive personas que viven cerca o de la familia.

Lo que sucede a alguien en otro lugar de la tierra o por ejemplo los conocimientos que llegan en determinada época están sincronizadas con un tiempo: actualmente vemos como todas las terapias que exploran hacia adentro están incluyendo la exploración del inconsciente tanto desde lo colectivo como desde lo individual.

Por ejemplo, la astrología, los cuentos o el contar historias, los sueños, la hipnosis, la programación neurolingüística. Todas ellas tienen acceso al inconsciente de una manera diferente.

¿Porque si soy consciencia por qué no tengo conocimiento de la mente de cada persona?

Porque somos un compendio tal de información que solo cuando estamos muy sintonizados con alguien entramos en su campo y nos conectamos a través de intuiciones, sueños y el campo etérico de esa persona.

Por eso cuando alguien muere y es un ser muy cercano, quedamos con algunas costumbres de esa persona que han quedado grabadas en nuestro etérico.

Ejemplo: una profesora de pintura contaba que a menudo, sin haber muerto su esposo, ella hacía cosas a la manera de él que no son su forma en especial cuando está ausente.

Mi esposo hace poco me dijo que hacía lo mismo que su madre con la tetera de calentar agua, que siempre en las mañanas le cambiaba el agua, que era lo que hacía su madre, ya muerta. Es una especie de recuerdo grabado en el cuerpo etérico de cualquier comportamiento de seres queridos.

Cuando nos referimos al inconsciente colectivo a menudo entramos en el inconsciente de una familia, de un país, de una cultura y desde allí tenemos información que afecta a este inconsciente. Ejemplo: trabajaba como administradora, encargada de una empresa de vestidos de baño y había una directora financiera muy leal y cercana, una noche cualesquiera tuve un sueño donde hacía recomendaciones a alguien que no conocía. Cuando llegué al día siguiente a la oficina le conté el sueño y le dije que yo, en una calle, le decía a una joven a la cual describí y le dije que no fuera a un paseo, ella era una desconocida.

Cuando terminé de contar el sueño la gerente financiera me comentó que era su sobrina y que precisamente estaba indecisa si salía con un nuevo chico a un lugar y ella misma le avisó de que como había aparecido ella en mi sueño, le recomendaba que no fuese. De cierta manera me metí en este pequeño colectivo y traje el mensaje.

Otras personas sueñas con anterioridad acerca de catástrofes que aún no han sucedido y pocos días más adelante sucede, no es solo un sueño premonitorio, pero de igual manera tener acceso al inconsciente colectivo de una ciudad o de la naturaleza del lugar.

Actualmente conozco a varias personas que sueñan antes de que una catástrofe llegue, mi hermano quien es muy conectado también a los sueños, ha tenido muchas experiencias relacionadas con anticiparse a catástrofes y a muertes. Inclusive fue llevado en cierta ocasión a la tierra hueca o dimensión intraterrena desde sus sueños:

«Cuando se acostó muy cansado, lo llevaron casi que como en un viaje a las afueras del pueblo donde vive, cuando salió fue conducido a una ciudad subterránea donde no se hablaba, más bien se usaba la comunicación telepática y de contacto de Ser a Ser. Cuando estuvo allí recorriendo le mostraron que los alimentos no incluían ninguna clase de carnes y que al contrario, había mucha variedad de plantas y de productos todos de la naturaleza, en diferentes colores y variedades.

Se sintió muy a gusto estando en este lugar y le comunicaron que este sería el tipo de lugares que vendrían en un futuro no muy lejano.».

Cuando despertó, extrañó la armonía del lugar y regresó a sus actividades cotidianas con la nostalgia de haber estado en un lugar tranquilo e ideal para vivir.

El inconsciente familiar

Es todo lo que hay registrado dentro del árbol familiar de atrás hacia adelante pudiendo ser contemplado desde las últimas ocho generaciones donde se han recibido legados de conocimiento, tradiciones, enfermedades, valores, que son transmitidas sanguínea-mente a través de lo que se llama ancestros y dentro de lo cual todo aquello que no haya sido resuelto por antepasados se transfiere consciente o inconsciente a generaciones futuras.

Para ello desde hace algunos años han surgido las constelaciones familiares y otras terapias que ayudan a des-programar esta información, la cual no necesariamente es transmitida, pero a menudo se manifiesta, para ser resuelta, en asuntos de dinero, relaciones, enfermedades, muerte.

Los sueños son formas de canalizar también esta información la cual aparece de manera sutil a veces o a menudo de forma directa.

Mi hermano Julián, tuvo en siguiente sueño, en un momento donde estábamos sanando a nivel familiar las relaciones a través de mi hermano menor a través de un constelador para una situación específica, el sueño se dio en conexión simultánea, inclusive sin Julián saber.

Dentro del sueño había sido llevado a una casa lujosa muy bien decorada y seductora a los ojos de Julián, aparecieron todos los hermanos de papá, en diferente orden y más adelante en el sueño el padre de ellos, o sea el abuelo de Julián.

Todos ellos en especial los que habían tenido relaciones promiscuas o de tener al tiempo otra mujer o varias comenzaron a ofrecerle a mi hermano la posibilidad de que él a cambio de esta casa que a él le encantaba, quedara atrapado en el patrón que ellos habían recibido de su padre con respecto a la higiene sexual y las lealtades a las relaciones y le ofrecían seguir en la continuación de este comportamiento. Cuando él dentro del sueño se dio cuenta de algo que ya tenía claro en la vida real y supo que esa no era su determinación, ni su forma de comportarse con sus relaciones se despidió de ellos y salió de ese plano y de esa casa para quedar liberado.

Cuando llegó a la casa y en el momento que le comentamos sin detalles del proceso de mi hermano menor, él recordó este sueño y en agradecimiento a saber renunciar a lo que no corresponde se desató patrón para todos.

La supra-consciencia

Es un estado de unidad con todos los reinos, el cosmos y la divinidad a través de la energía de integración. Es ideal llegar a este estado cuando se respeta y se vive en armonía con todos los reinos de la naturaleza y se tiene un amor y respeto por lo humano desde las relaciones y la tierra. En la medida que aumentamos la energía esencial al disminuir su dominio del ego y de los yoes que nos habitan, nuestro Ser se engrandece en la energía divina.

El siguiente sueño a finales del año 2019, lo llamaría sueño de supra-consciencia:

«Me desperté en otro lugar diferente a la tierra y le pregunté a un ser alto, que podría tener figura femenina de ángel—: ¿Dónde estoy?

Le dije que había viajado allí con lluvia, pero que no reconocía ese lugar. Me llevaron a un lugar para ver una presentación de euritmia, con movimientos diferentes a los aprendidos y cuando se terminó, ella me preguntó:

—¿Te gustó? "La danza de despedida de una novia".

Cuando me dio ese nombre, le dije:

—Me... me ha encantado.

Cuando se terminó la obra, la mujer despedía a personas del grupo y cerraba puertas altas, yo me preguntaba: "¿dónde era este lugar? Quería venir a este lugar a estudiar con ella, cuando fuí a otro sitio allí mismo me encontré con una niña pequeña y me dijo que se había pintado los ojos de arco iris, percibí que era muy adelantada».

Me desperté con la sensación que aún no conocía un lugar así pero que estaría en camino de viajar allí. Para los que no sepan, dentro de las generaciones de los nuevos niños que han venido a la tierra, después de los índigo, vinieron, los cristal y seguidamente los niños arco iris.

El siguiente es un sueño de supra-consciencia de mi hermano menor, quien dentro de la cuarentena se ha vuelto a conectar con sus sueños:

«Llegó a un lugar donde recorría ascendentemente un edificio circular, las escaleras eran en el centro, las oficinas allí, eran parte de un organismo integrado, o sistema evolutivo donde cada uno se complementaba a la perfección, había elementos modernos y avanzados, cada aparato y oficina tenían características diferentes de acuerdo a su función que representaba,mi hermano se encontraba admirado ante la esencia y comunión de todas las personas y mientras el subía, se le mostraba este conglomerado que lo hacían sentir muy lleno de alegría, felicidad, optimismo.

Cuando bajó miró hacia atrás por la parte derecha del hombro y alcanzó a ver ese edificio en una gran ciudad que se elevaba por encima de los otros, redondo y se elevaba y muy alto, todo era muy moderno y futurista, con mucho espejos, vidrios; al irse de allí se despidió de allí con una sonrisa grande feliz de este diseño de su estructura y energía interna».

4
VIAJE HACIA TUS MUNDOS INTERNOS

Reconociendo tu propósito, tu potencia esencial, tu lenguaje onírico y de sueños. La sombra, el ego, los yoes. Aprender a reconocer otras presencias y umbrales. Manifestaciones de seres del mundo espiritual.

Estamos llamados a seguir nuestra Fuente superior como guía de vida y de nuestro viaje interior, al encontrarnos en espacios que muchas veces se encuentran sobrecargados del inconsciente colectivo de incertidumbre y de preocupación, en especial con el fenómeno de migración de ciudades, pueblos y entre países de personas que desde la vibración positiva o negativa tienen incidencia en la eco-esfera o ambiente. De igual manera cuando hay catástrofes, epidemias o sismos.

Aprender a sintonizar con nuestro Ser superior o fuente interna para muchas personas es algo natural, espontáneo y ha sido parte de sus decisiones diarias, la re-conexión puede dar a través de formas diversas: meditación, imaginación activa, sueños, voz interior.

Existe dentro de cada Ser, y desde allí se sabe el propósito de nuestra existencia, desde la capacidad de comunicarnos con esta fuente. Para muchos puede tener nombres diversos: Dios, voz interna, ser superior, universo, Espíritu Santo. Estas fuentes internas son aspectos de la *psyché* que conocen internamente tu propósito individual.

Para diferenciar de fuentes universales podríamos decir que estas son fuentes en las cuales confías o crees, que conoces. Cada propósito es diferente al tuyo siendo siempre una forma de manifestar nuestra luz. Para identificarla desde su función puede ser: **Interna** la cual se encuentra dentro de tu psyque. **Universal,** la cual tiene nombres universales a través de los cuales conectas: Dios, Jesús, Fuente de luz (nombres usados). Y **Personal,** son fuentes externas a ti con las cuales te comunicas dentro de sistema de guiarte: ángel guardián, espíritu de animales o plantas, familiar que ha muerto.

Voz interior: es la parte de nuestra consciencia que nos dicta qué hacer.

En mi caso los sueños, definitivamente han sido una guía permanente desde la infancia, donde he escuchado siempre la voz interna hablando a través de ellos cuando despierto, los observo, los siento y a veces dejo que pasen unos días para entenderlos. Siempre progresando en niveles y subiendo octavas superiores, conectando su relación con mi vida. Ellos se convirtieron en viajes interiores que a menudo se anticipaban y me guían en viajes que realizo con cierta frecuencia en el afuera. Para otras personas que aún no han activado los sueños, pueden hacerlo a través de otras formas diferentes.

Como muchas personas ya meditan es bueno saber que en algunos momentos la **Imaginación activa** es otra forma de contactar nuestra Fuente o Ser superior.

Para ello hay que buscar un lugar tranquilo, tenga a la mano papel y bolígrafo para anotar lo que le llegue relacionado con el tema donde se encontrarán claves importantes para redactar en una frase aquello que queremos consultar.

Colocar en forma de pregunta lo que se quiere saber, escribir en una frase con toda la información que llegue y que resuma lo que se ha venido realizando bajo diferentes actividades, con otras personas, relacionado con el asunto.

Después de haber hecho una lluvia de ideas con muchas descripciones de lo que le venga desde su fuente Superior, organizar poco a poco las ideas y colocar la frase final de forma describa y que sea un mensaje que traiga con claridad la respuesta.

- Invitar su inconsciente.
- Dialogar con sus experiencias.
- Mirar qué frases y palabras le llegan.

Imaginación activa es el término que eligió el psicólogo suizo Carl Gustav Jung, para su método de apertura y diálogo con el inconsciente mediante la fantasía y la imaginación libre. Desde esta herramienta, a veces a través de un sueño puedes hacer una pregunta en un momento importante y recibir una respuesta, lo que sucede es que hay una conexión tan poderosa actualmente que a menudo no hay ni necesidad de preguntar.

Los sueños llegan y sus contenidos nos hablan en diferentes niveles.

Debemos destacar que, para Jung, el inconsciente es muchísimo más rico y amplio que para Freud. No sólo constituye el reservorio de las experiencias y conocimientos de toda la humanidad (con sus luces y sus sombras), sino también, es el centro creativo por excelencia, del cual surge nuestra energía creativa y nuestros deseos de superación y crecimiento.

Jung, lo denominó el «proceso de individuación», el proceso para llegar a realizarnos en nuestro mayor potencial, se origina en el centro de nuestra personalidad, el sí-mismo, y que incluye todo lo que somos: conciencia e inconsciente. A esto le agrego el doble energético y la Supra-consciencia, ya que en la actualidad hemos avanzado en el terreno psíquico y también muchos niños ya vienen con estos centros activados.

Jung descubrió este potencial de desarrollo creativo y de realización en el inconsciente, mediante la elaboración y amplificación simbólica de las imágenes, personajes y escenas provenientes de los sueños, fantasías y ensueños. Para él, establecer un diálogo sincero y libre de prejuicios, con los personajes de la propia psique, nos abre a un mundo desconocido y lleno de sabiduría, que nos conduce a nuestro propio desarrollo personal.

Cuando fantaseamos, las imágenes que aparecen, siempre tienen un sentido. Por más triviales o fantásticas que sean, por algo aparecen esas y no otras, entre miles de posibilidades. Aquella que surge por sobre las demás, tiene su razón de ser en ese momento y para nosotros. Esa es la riqueza de la imaginación. Y es activa, pues dejamos volar nuestra imaginación deliberadamente, prestando atención a todo lo que aparece y estableciendo diálogos activos con los personajes que nos hablan. En la medida de nuestra honestidad en este diálogo, las respuestas que recibiremos contendrán un tesoro de sabiduría para nuestro camino de individuación personal.

Finalmente, luego de la fantasía, es necesario plasmar en un medio físico lo que hayamos recibido (dibujo, pintura, escrito, danza, cerámica, lo que sea que tengamos a mano o nos surja en el momento). Para continuar luego ampliando en la búsqueda del significado de lo que hayamos realizado.

Sueño simple desde mi Fuente en un momento donde estaba con tos alérgica debido a contaminación ambiental:

«Me vi en un jardín en el cual había diversas hierbas, todas estaban en macetas de madera y las estaba organizando, pensando que en mi jardín había llegado la primavera, cuando cogí una de ellas, en un rincón muy pequeña vi una plantica de tomillo».

Cuando desperté supe que esta era la infusión que necesitaba. Ya que tenía también flema, después de tomarla por tres días en ayunas, resolviendo mi molestia.

La sombra, el ego, los yoes

¿Cuál es la diferencia entre estos tres nombres?

La sombra es aquella parte de nuestro psiquismo que se revela como desconocida y aún por iluminar, en muchos ciclos y etapas de la vida, hemos actuado desde nuestra sombra, en la medida que nos auto-descubrimos y decidimos quitarnos las máscaras de la personalidad, se va entrando en los territorios de luz de nuestro ser interior.

La sombra no constituye la totalidad de nuestra personalidad inconsciente sino que tan sólo representa aquellos atributos o cualidades desconocidos o poco conocidos del ego, aspectos que pertenecen, en su mayoría, a la esfera personal pero que también podrían ser conscientes. En algunos casos la sombra también contiene factores colectivos procedentes del exterior de la vida personal del individuo.

Hay un método que es infalible para saber desde donde actuamos que es la auto-observación y el estado permanente de alerta. Cuando determinamos cual es nuestro principal ego comenzamos nuestro verdadero trabajo de transformación, el cual se verifica a través de la reflexión diaria antes de ir a dormir, una vez que nuestra esencia brilla, los sueños asecenderán en sus niveles y expresiones.

El Ego es aquella parte de nuestra personalidad que nos tocó venir a pulir y a mejorar para acrecentar nuestra pureza esencial. En una carta natal se ve en la casa uno o ascendente, es la forma como de cierta manera nos imponemos de cara al mundo.

Los yoes son entidades internas o porciones de nosotros mismos, que como personajes, o actores, se van instalando en nuestro escenario y que a veces imposibilitan el cumplimiento de nuestro propósito de vida en determinado momento o etapa.

Para reconocerlos los yoes, hay que establecer un diálogo profundo, a través de una meditación o un proceso de escritura con pregunta y respuesta; y en medio de esta profundización en nuestro inconsciente darle otro contenido o significado, quiere decir sacar o salir de una programación de ese yo y buscarle su nueva tarea. Ellos son como mecanismos de defensa o impedimentos que van apareciendo en etapas de vida donde bien sea nosotros mismos, o ante las relaciones cercanas, o el entrono alrededor entramos en disyuntivas que a menudo no sabemos cómo afrontar o resolver y nos escudamos tras estas partes nuestras, que comienzan a quedarse en nosotros e impedir que la acción requerida dentro de un propósito a cumplir no se de.

Cuando se entra en un escudriñar del ego o de aquellos yoes que a veces nos impiden progresar o que nos causan sufrimiento a través de reacciones en situaciones de la vida cotidiana, entramos a menudo como en una caverna o en un túnel, otras en una especie de laberinto, del cual se sale a través de la auto-observación.

Diálogo de las partes: Para este diálogo, haré uno propio de ejemplo:

Cuando tuve que resolver en mi etapa de madurez y dentro de la relación con mi esposo a través de sus reacciones de mal genio, dentro de mí comenzó a vivir un yo al cual le di el nombre del **yo asustadizo.** El vivía en mí desde la infancia y se manifestó cuando se repitió una situación similar que lo activó.

Esta fue la entrevista o diálogo que sostuve con él:

«—¿Desde cuándo llegaste a mi vida?

—Desde que estaba pequeña.

—¿Por qué la escogiste?

—Por ser fuerte, vigilante y muy atenta.

—¿Por qué te aprovechaste de ello?

—Porque necesitaba a alguien nerviosa, sensible en demasía y precisamente eso me daba seguridad.

—¿No crees que ya es suficiente para que sigas alimentándote de su energía?

—Si me he dado cuenta de sus dolencias físicas generadas desde este yo, y no me gustan.

—¿Por qué no haces una despedida para siempre, ya que por largo tiempo haz logrado lo que querías?

—Sí, siempre he querido marcharme para siempre y dejarle un regalo.

—¿Cual será tu regalo?

—La templanza.

—¿Me podrías decir para ti que significa?

—Su significado como nuevo camino para este yo será que en medio de cualesquier situación amenazante, incierta, sorpresiva, reactiva desde alguien afuera mantenga la calma a través de la consciencia de la respiración.

—¿Qué otro nombre le darías a este regalo?

—Valentía, serenidad inmutable.

—¡Qué poético! Te felicito, ella te envía su profundo agradecimiento.

—Sí, estoy listo para marcharme para siempre y ella queda con su nuevo don.

—Este ya se esfumó para quedar ese espacio habitado por la serenidad».

Para saber discernir una interpretación nítida o desde nuestra esencia es importante reconocer dentro de nuestros sueños cuando es nuestra sombra la que aparece en ellos.

Para ello, haré un pequeño resumen de lo que diferencia las anteriores palabras las cuales también tienen su relación entre si y el significado en la vida cotidiana, de esta manera podrá iluminar el reconocimiento de significados dentro del sueño.

Un sueño relacionado con esto sería el siguiente:

«Soñé que todos los animales internos estaban sobre el tapete, eran de dos clases diferentes y se autodestruían».

A través de este sueño me di cuenta de que una cosa era el trabajo con mi ego y la otra era trabajar mis yoes.

Aprender a reconocer otras presencias y umbrales

Cuando se vive en un estado de ignorancia, obviamente existe una distorsión y es a menudo que allí salen sueños incomprensibles o confusos con los cuales hay que tener cuidado. Pueden confundir las acciones que se deriven de allí. A veces entramos en el psiquismo de otros en especial personas que tienen sensibilidad extrema.

A menudo me han contado sueños, donde la persona aún no se ha trabajado desde su personalidad y sus sueños, no tienen la claridad para ser guías en su vida.

Recuerdo que alguien tuvo un sueño antes de casarse, cuando era joven y en él le llegó un mensaje que nunca supo leer, el cual lo dejó para siempre en estado de duda con respecto a la decisión que tomó. Después de muchos años de vivir con esta persona y haber tenido tres hijos, lo marcó tanto que aún seguía con el cuestionamiento. Todo por no analizar un sueño desde un estado de confusión.

Tras escuchar este y otros sueños de la misma persona, pude darme cuenta de que algunos de sus sueños eran fiables y otros no, ya después de reflexionar sobre el sueño fue que su destino había sido el que había escogido y que el sueño le había dado el incierto mensaje que vino en su sueño: caer en el vacío. Significado que para otra persona tendría un análisis diferente, dependerá del umbral de sueños de cada persona y lo que significa caer en el vacío.

Una mañana me levanté con la información de un amigo que había sido parte importante en mi vida de trabajo con la homeopatía, ya que en su laboratorio fue donde hice asesoría de introducir la homeopatía en la ciudad, le había hecho su carta natal pero nunca la había mirado ya que me dio sus datos pero no volvimos a encontrarnos. Cuando volví a verlo me dijo que le hiciera su carta y unos días antes de saber sus datos de nacimiento soñé: «Me dijeron en sueños que él tenía el sol en la casa doce», me asombré…

Al día siguiente le hice su carta y así fue la información coincidía con que su sol estaba en la casa doce. A esto lo llamo haber conectado con el umbral psíquico de una persona cercana. Lo que nos sucede a personas cuando conectamos desde el inconsciente. Al estar con una pareja se está conectada al umbral de esa persona a través de la intuición o a través de sueños relacionados con el otro, el ejemplo entre muchos conectados a mi pareja fue el siguiente:

Mi esposo hacía un año había sufrido en Bélgica, dos mini-derrames, sin secuelas secundarias. Al año siguiente él quería regresar al mismo lugar pero su instinto natural de una manera inconsciente, pero con sabiduría interna le enviaba señales que no debía ir a este viaje. Para no interferir en su desición, le dije que escuchase las señales que la vida le estaba enviando ya que yo como observadora sin juicio desde los mensajes que recibía bajo mi propia simbología y desde nuestro campo inconsciente relacional, sabía que no era conveniente para él ese viaje.

En contra de las señales de dificultad de su regreso se fue, y esa misma mañana me desperté con dos sueños que estaban ambos relacionados con este viaje:

«Soñé que mi esposo iba dentro de un tren, del cual salió con una cámara y se dirigía afuera a un lugar desconocido para mí.

Seguidamente tuve el segundo sueño relacionado con mis dos cámaras, las cuales empacaba en mi maleta y allí empacaba todo lo que quedaba aún en Menorca, lugar donde había vivido y debía recoger memorias para unificarme y cerra con el lugar». Fueron dos mensajes para mí, claros.

El primer sueño, lo sentí como que él se encontraba en el tren de la vida, y de un momento a otro se bajó del tren con su cámara: todas las memorias y sus recuerdos, en especial de muchos viajes realizados por trabajo y por diversión.

En el segundo sueño lo que sentí, fue que yo empacaba mis propios recuerdos ya en una maleta separada y que nuestro proceso de relación cada día se separaba. Ese día lo llevé a la estación temprano en la mañana ya que él viajaría a Bélgica en el euro-tren Eurostar y aproveché de hacer una cita larga con una amiga para recibir magnetoterapia.

Cuando salí en la tarde de la cita muy relajada y tranquila, sentí que lmi sueño el cual me dejó pensativa lo soltaba al universo.

Cuando llegué a casa, encontré una llamada en el contestador donde él muy angustiado me contaba que después de bajarse del tren, en Bélgica, mientras descargó en el suelo su maletín se lo robaron y allí tenía no solo el computador, sino también su cámara y su pasaporte. Sentí que era un símbolo demasiado fuerte y también lo relacioné con algo de la información del sueño de la mañana.

Ciertamente me había anticipado a un suceso de que salía del tren y después de perder sus memorias de una manera externa se dirigía a la policía. Para mí, fue una forma energética de intercambiar lo que sucedió en el robo con no tener un evento cerebral repetitivo que suele darse en muchos casos.

Dentro de mi propio umbral de sueños en ocasiones al despertar me llegaban inspiraciones directas relacionadas con mi trabajo creativo, como decir: mariposas o estar haciendo algo y no encontrar inspiración, y al día siguiente llegar en mi sueño justo la idea para completar lo siguiente, incluyendo inspiración de escritos.

Cuando me venía a vivir de nuevo al conocer a mi esposo en mi segunda venida a Inglaterra, soñé con una mujer con quien tengo una relación cercana y a quien me mostraron en sueños como alguien con quien viví en el pasado en otra existencia y a quien encontraría aquí, habíamos vivido en una comunidad y ella acá vivía en un lugar comunidad. Tuve muchas cosas para finalizar entre ambas y posiblemente dejar en paz, lo que venía de un pasado remoto en otra existencia. La reconocí de inmediato cuando nos conocimos en el día de mi cumpleaños treinta y cuatro.

Pasaron veinte años después de los cuales terminamos nuestro ciclo kármico, reconociendo también el día preciso por sensaciones. Ese día di las gracias por estar liberada de lo que hubiese sucedido por acciones pasadas. El ciclo se cerró en definitiva cuando la persona quien me la había presentado, apareció después de años de estar perdida, cuando una de nosotras la encontró, se dio el cierre completo día en el cual me imagino que ambas sentimos un final conciliador.

Sueños para resolver preguntas en umbrales de personas que conectan.

En diversas ocasiones desde mi juventud fui consultada para cuestionamientos concretos acerca de situaciones de vida. Lo que más me facilitó en algunos de los casos y por ser personas cercanas fue el dormir cerca de ellas, por estar de paseo, o compartiendo por días.

Recuerdo que el novio de una amiga muy cercana se había desaparecido sin ninguna explicación en una época de crisis de la relación, y en mi sueño llegó el mensaje exacto del día, que esta persona aparecería de nuevo en su vida. En otra ocasión me preguntaron sobre mensajes de conveniencia o no sobre situaciones personales y también pude aportar una visión al consultante que ya estaba en sus manos resolver.

Una de las difíciles consultas fue acerca de una situación donde la persona aún no había tenido hijos con su novia actual y me preguntó si sería posible, dado que había en ella una situación de salud involucrada para ello. La respuesta vino, dejando al destino que resolviese esto ya que hubo claridad en el sueño, hablando o mostrando algo muy sutil, como es el color de los ojos de los niños que vendrán en la relación del consultante que era un joven.

A menudo cuando me reunía con una amiga muy cercana, yo le daba respuestas a ella y en sus sueños colocábamos respuestas para mis preguntas en sus sueños. Es otra forma de quitarle la mente o la ansiedad que se tiene por saber algo y que la otra persona simplemente sueñe algo que revelará una respuesta más clara.

Cuando se comparte cama con alguien a menudo los psiquismos de ambas personas se mezclan y se puede leer más fácil en el libro de vida de ambas. De igual manera sucede con esposo que tienen una unión a través de un cordón umbilical y a pesar de que se encuentren lejos o inclusive ya se hayan separado se tienen sueños de aviso.

Una amiga separada soñó con su ex y que estaba bajo peligro de alguna manera en su salud, mientras tanto yo supe que él había sufrido una situación que le había causado una problemática grave del corazón. Ella verificó a través de mi su sueño. Lo mismo las madres también conectan a través de los sueños con sucesos de sus hijos.

El cuerpo etérico es donde se almacena nuestra memoria de vida y también donde el ángel guardián deja su información sutil para que al día siguiente podamos guiarnos en nuestros encuentros, relaciones, asuntos cotidianos.

Umbrales conectados con el futuro y conocer a personas.

Igualmente, a quienes tenemos la habilidad de guíar nuestro propósito a través de los sueños, nos vamos a veces al futuro de momentos importantes tales como personas que conoceremos y que tendrán importancia en nuestras vidas, lugares donde iremos o viviremos, personas que conocemos y que no vemos hace mucho y de repente aparecen... Al haber conectado con el Umbral de una persona completamente desconocida que es japonesa, vive en Nueva Zelanda actualmente y ha sido viajera; en el tiempo que vivió en Londres, fue cercana una amiga chilena mía quien le dio la recomendación para ayudarle a clarificar su vida y tomar decisiones, de estudiar su mapa natal y al entrar en contacto directo por teléfono le hice su carta natal, revolución solar y después de resolver sus dudas y analizar con ella aspectos de la consulta, seguí en mis actividades cotidianas, de alguna manera, comenzamos a tener intercambios de información y en esa misma semana donde estaba aún conectada con ella tuve el siguiente sueño:

Estaba con una mujer japonesa en el sueño, ella me llevó a un lugar muy grande donde ambas entramos juntas, pero al llegar allí ella se perdió y no la volví a ver.

Comencé a recorrer este lugar lleno de salones y de muchas mujeres que danzaban y de profesores que las dirigían, las veía bailar, eran muchísimas y muchos salones todos de lo mismo, en sus bailes había algo de ritual y sus ropas eran blancas muy delicadas, cuanto más recorría más salones aparecían y no encontraba cómo salir de allí, ninguno de los profesores me explicaban como encontrar la salida, hasta que en un restaurante o cafetería que encontré alguien me dijo que se salía por la parte de atrás, luego una chica me llevó por un túnel y resulté allí salí en una calle llamada Palace. Cogí un taxi porque me di cuenta de que estaba en un sitio peligroso, me llevó una distancia muy corta y me cobró 25 libras, yo llevaba mucho dinero en mi bolso. Después de darme cuenta de la clase de lugar de donde había salido, me desperté.

De inmediato sentí que hubo una conexión con la chica japonesa desde su inconsciente ancestral y de otra vida. Cuando hablé con ella, le sugerí que estudiase danza y le dije que ella había traído estos conocimientos y le di sugerencias, a lo que me contestó sin preguntarle, que ella sentía que en una de sus vidas pasadas había sido Geisha o entrenada en danzas y actualmente ella seguí muy interesada en bailar o danzar.

Le conté el sueño y estuvo de acuerdo en que coincidía con lo que ella sentía.

Manifestaciones angélicas o de seres del mundo espiritual

Una forma de conectar con el ángel guardián es a través de los sueños, a veces aparecen de una manera inesperada cuando uno, ni siquiera lo ha pedido.

En un seminario, encontré un hombre escocés que me estaba consultando sobre cómo ayudar a su madre de noventa y cuatro años para que se fuese sin miedo ya que ella atravesaba el túnel de luz y regresaba a su cuerpo.

A lo que le expliqué que le hablase al alma, a través del ángel guardián.

Él lo entendió, y dijo que además hablaría con un gnomo que acompañaba a su madre desde hacía años, comunicándole que ella se marcharía. Como regalo de esta consulta él me expresó que no olvidaría mi nombre porque su hija también se llamaba Clara como yo.

Me contó que estaban ya con su esposa en la clínica en el momento de dar a luz, y que ella soñó esa noche con el ángel guardián de ella quien le dio el nombre de Clara para su hija y así la llamaron.

En mi experiencia con los sueños he tenido diversas ocasiones donde veo ángeles que tienes diversas formas, algunos grandes y otros como querubines o pequeños, y dentro del sueño le pregunto a la persona que está cerca de mí: «ves ese ángel que estoy viendo y al ser mi experiencia las personas contentas que no ven nada en el cielo».

Un sueño por el cual cambié mi vida, fue cuando me había separado de mi esposo y casi al año, no sabía qué hacer con mi vida, nada se organizaba fácil y la noche que él se devolvía de Menorca a nuestra casa propia en Inglaterra estuve tan conectada pensando en lo que sentiría, que soñé llegando a mi casa. La gran sorpresa fue que la puerta me la abrió su ángel guardián, el cual era más alto que la puerta, tenía unos ojos vidriosos brillantes y me habló telepáticamente: esta es tu casa, señalando con el dedo. Yo subí las escalas y me acosté en la cama en astral con mi esposo.

Cuando desperté al día siguiente me di cuenta de que debía regresar a su lado y comunicarle mi decisión. Fue algo que sentí que fue el mensaje directo que recibí de su ángel y así fue: regresé tres meses después sabiendo que era parte de mi destino seguir a su lado.

5

BITÁCORA DE SUEÑOS

Crea tu casa de los sueños

Con la experiencia de viajar en nuestro propio umbral de sueños, se comienza a sentir familiaridad cuando visitamos otras dimensiones y lugares desconocidos. Desde nuestro cuerpo etérico vamos construyendo una especie de casa invisible. Al ser este cuerpo el que graba las memorias de vida y trae también almacenada información de otras existencias y viajes o información que llega del inconsciente, encuentra manifestaciones a través del cuerpo físico y los otros cuerpos: emocional, mental, espiritual; es allí donde se va grabando la información que se ha ido recopilando como conocimiento y sabiduría evolutiva desde esta dimensión terrenal dentro de la cual hay que cultivar, lo que vinimos a desarrollar para nuestro plan evolutivo… y al mismo tiempo nuestra evolución en los mundos internos y todo aquello que se procesa en los planos sutiles de consciencia durante la noche mientras descansamos, de la cual aún no somos conscientes plenamente, solo por porciones, que recordamos como uno, dos o tres sueños al despertar.

Sucede a menudo que en nuestros sueños vamos a ciertos lugares en los cuales nos sentimos familiarizadoses con el lugar, el cual puede tener formas.

Se puede viajar a otros continentes, lugares de la naturaleza como montañas, unas playas, caminos; lo cierto es que al estar allí nos sentimos cómodos desde lo energético y es equivalente a estar en casa.

He escuchado de algunas personas que inclusive sueñan con una sola casa, a la cual en diversos sueños viajan y suceden diferentes eventos. Cada caso debe ser analizado desde la información de esa persona en particular.

No es tampoco nuestro templo interior, ni es aquel lugar sagrado que hayamos creado en otra realidad para reponer fuerzas y reflexionar, es algo así como si ese lugar que nos da seguridad en nuestros viajes oníricos, sea el que nos lleva como vehículo allí donde nuestra alma necesite viajar. Es una manera de grabar información de estos planos desconocidos y desde la memoria viviente completar procesos con las claves y mensajes de la experiencia onírica unida sucesos actuales de nuestras vidas completando aquellas piezas que hay que re-acomodar para un mejor entendimiento de nuestra realidad o también para realizar cambios de paradigmas.

La parte figurativa de casa en esta dimensión puede estar por lo tanto en afinidad con frecuencias, donde nos sentimos en casa. Para algunas personas, será más fácil entrar en ella, por tener la práctica de la visualización creativa o por ser meditadores.

En mi caso encuentro mucha inspiración, cuando hago, durante el día, mucho ejercicio físico o caminatas en mucha consciencia ya que después del cuerpo relajarse y haber sacado emociones fluyan ciertos sueños con mucha más claridad en los símbolos. También el arte y la creatividad son formas de llegar allí. Las casas en lo externo son equivalentes a úteros o de manera análoga al espacio sagrado donde se reposa.

Cuando viajo a otros lugares y espacios ajenos, en especial en vacaciones, procuro que sean lugares silenciosos, armónicos y con atmósfera propicia para dormir bien.

El tener igualmente en la casa física, un lugar apacible y tranquilo, un colchón de muy buena calidad para la columna y el estar muy consciente de la posición en la cual vamos a dormir son todos aspectos claves que contribuyen el dejarnos ir noche a noche en nuestros viajes. Para algunas personas la orientación ideal de la cabeza es el norte. Lo es para mí, para otras quizás que necesiten energía solar es el oriente, cada persona debe aprender a encontrar donde fluye mejor la energía por la posición de la cama.

El chacra de la coronilla es el que debe estar abierto, en conexión a la glándula pineal, porque es a través de este centro donde se debe conectar.

Para muchas personas el silencio, la oscuridad, son condiciones esenciales en la casa física, que por ende mejorarán la casa de sueños. Una de las mejores maneras de viajar en tu casa interior es a través de la respiración, la cual nos conecta e induce al sueño o a estados de consciencia donde comenzamos a reconocer lugares y estancias.

Mi significado de soñar con casas. ¿Cuál es el tuyo?

Frecuentemente soñaba con casas: a veces de visita, otras con amistades cercanas, otras en cursos o yo enseñando dentro de las casas, con grupos afines de personas, o con amigas cercanas, muchos sucesos en mis sueños ocurrían en diferentes partes de la casa, y todas ellas, variaban de significado.

En el año 2019 soñé empacando, y la casa era parecida a la mía donde vivo con mi pareja, en el sueño tenía un plazo para entregarla límite y había comenzada a empacar cuarto por cuarto, todo estaba en orden, cuando desperté sentí que en el futuro esto sucedería y que debía comenzar a deshacerme de excesos y cosas in útiles.

Después de la primera semana cuando comencé una terapia de coaching, el 28 el febrero 2016, donde estaba definiendo el propósito de mi alma, y de qué manera lo llevaría a cabo de allí en adelante, tuve el siguiente sueño:

«Una casa grande donde llegaban varias personas y había una que era la dueña, dentro del sueño era Christine. (Christine quien es una persona que para mi representa liderazgo, llevar a cabo un propósito de salud homeopática, relaciones públicas). Ella tenía un lado completamente activo y allí llegaba gente (solo aquellos que ella admitía) y por otro lado al frente de la casa unas habitaciones sin ocupar, aún; alcance a contar tres a cuatro habitaciones. Una de ellas inexplorada por completo y cerrada. La del medio, y las otras dos, cerradas pero venían pocas personas a explorar allí, miraban y se iban.

En la casa principal había una orientación general central de alguien (era una mujer) o una figura que no había logrado establecer claramente, yo estaba allí de visita, observaba y participaba. Porque también ayudaba a lo que se movía allí. Lo cual lo sabía o lo que entendía, era que pronto me iría de allí.

Había un lugar de reunión donde llegaban pocos y me daba cuenta de su estado (no captaban lo mismo que yo) pero les dejaban que viniesen y se fuesen.

Era una casa donde me preparaba. Había un impedimento y lo conocía, estaba tratando de ir más allá de todo a sabiendas, sabía que estaba a punto de irme. Lo que también sabía era que era importante estar allí. Todo sucedía en un espacio grande. A veces recorría sola, tratando de entender en la casa por qué los otros se iban y yo permanecía y conocía el funcionamiento del sistema o de las condiciones (era como un entrenamiento) este fue un sueño de luna llena.».

Mi relación con la realidad era la de vivir en un pueblo antroposófico y de querer ir a vivir a otro lugar y por eso aparecían unos cuartos cerrados, ya que vivía en una casa similar pero aún no lograba lo que quería. También desde adentro sabía que en ese momento presente era mi lugar correspondiente. La habitaciones cerradas eran también sucesos aún sin aparecer que estarán visibles cuando se den las condiciones para estar en el lugar que muestra el sueño. La aparición en el sueño de una persona que para mi era el ejemplo de liderazgo y propósito similar al mío.

El santuario donde soñamos

El santuario o lugar donde se duerme es sagrado, la elección de la cama, el tipo de colchón, el entorno, la decoración, las almohadas, el cobertor, los materiales, la quietud son todas condiciones esenciales en conciliar un sueño reparador y conectar con nuestros viajes en consciencia durante los sueños.

Cuando se es viajera, hay que saber donde se duerme y qué energías hay, no solo en el lugar al cual se llega o en la casa en cuestión.

Una forma rápida que practico cuando voy a casas a ajenas o voy de viaje es que al momento de despedirme y salir del lugar absorbo a través de mi boca con una inhalación toda mi energía y la llevo hacia adentro para integrarla dentro de mi. Cada persona le pone su propia imaginación.

Hay lugares ideales para activar los sueños, en general son cercanos a la naturaleza: cerca al mar, cerca a un lago o un río, cerca de bosques o montañas, la naturaleza siempre tiene el efecto vibracional de mejorar la frecuencia, para salir del cuerpo físico.

El vivir alejado de las grandes ciudades, es una gran ayuda para viajar en sueños.

Las limpiezas del cuerpo, en especial el cuerpo de luz, son fundamentales para sacar residuos y energías que se hayan quedado atrapados en nuestra aura.

Los baños de mar, o en ausencia del mar con sales de Epsomn, o aceites esenciales, el incienso de mirra o de aromas. La salvia quemada en ritual alrededor de nuestros cuerpos sutiles, el sonido. Todo esto predispone a un estado más relajado antes de dormir.

Algunas personas se relajan con música, en especial suave.

Otra energía que hay que recapitular es la de quedarse en casas ajenas, hoteles u otros lugares que no son el nuestro. Es ideal recoger la energía, la cual hago a través de una inspiración por todos los lugares donde estuve y exhalando lo que no quiero llevar residuos ajenos. Estos espacios al no hacer parte de nuestro diario vivir pueden quedarse con porciones de energía de otros o pensamientos que se pueden eliminar. Es bueno limpiar los espacios con inciensos, palo santo.

Umbrales y experiencias en lugares desconocidos

Sueños:

«Salía de mi cuerpo y recorría lugares desconocidos, había algunos que reconocía en mis visitas nocturnas, no existían en mi realidad. Pero al llegar allí sabía que era reconocido, había uno de ellos que era una ciudad muy grande pero el transporte era aéreo y como por especies de carros de funicular pero en formas curvas sobre una altura por encima del lugar».

En este sueño, al llegar allí no encontraba a nadie, me encontraba sola, buscando algo. A menudo salgo a recorrer lugares que son familiares y donde sé que voy a hacer una conexión que definitivamente está relacionada con mi realidad cotidiana.

Una amiga quien después de ser normal, perdió la visión por completo a los cincuenta y ocho años, soñaba recurrentemente que llegaba a ciudades y a lugares, a veces casas, en otras solo destinos y que estando allí se sentía perdida y dentro del sueño, no sabía a donde dirigirse, ni qué hacer en estos lugares.

Cuando hablamos de estos sueños, se me vino de inmediato la palabra «impotencia» vi que desde el sueño su falta de visión por haber quedado completamente ciega, le creaban una impotencia desde lo inconsciente que se manifestaba a no encontrar su destino. Después de ella escuchar esta sola palabra, ella expresó que sus sentimientos constantes a pesar de que tenía personas que la ayudaban y la asisten, eran de sentirse impotente.

En otro sueño: «superposición de realidades en forma de muros, paredes, túneles, dimensiones, me dedicaba a estudiarlas y en cada una observaba su funcionamiento, en una de ella estaban los planetas, había movimiento y cambios.

En otra dimensión en otro sueño estaba en un lugar de piedras grandes, por las cuales caminaba con mucha seguridad, había también agua alrededor y muy pocas personas».

A veces se llega en los sueños a ciudades o lugares que no existen en la realidad terrenal.

Cada persona reconocer esas realidades que de alguna manera estarán relacionadas con la actividad a la cual cada persona se dedica. En mi caso desde la conexión con la astrología desde el movimiento de la euritmia y la investigación a través de las biografías y la pintura se presentan en distintos sueños manifestaciones de formas diferentes de comunicar con los planetas.

Otros son sueños con casas o ciudades antes de realizar viajes específicos.

Este fue un sueño relacionado:

Antes de mi viaje a Colombia en el 2019 tuve un sueño arquetípico muy importante para mi estadía de tres meses allí. Hay varios símbolos importantes que eran una ciudad, la forma en particular de las casas, escaleras y el símbolo de serpiente bajo la forma de manguera de agua. Además de su contenido.

Sueño:

«Estaba ya en Medellín y recorría lugares nuevos que no había caminado en otros viajes, estaban ubicados en los altos de la ciudad casi que en su mayoría situados en la misma ala este por donde sale el sol en mi ciudad.

Había que subir unas escalas a la manera de castillo, ya que eran, como de un barro fino, muy sólidas y cómodas. Al lado izquierdo estaba el cielo y al derecho había una construcción a manera de castillo con algunas puertas de entrada a viviendas de personas. Al frente de una de ellas vi una manguera tirada en el piso como ancha y plana y en la parte por donde sale el agua había la cabeza de una serpiente, no era asustadora, simplemente estaba tirada esta manguera sobre la escalera, la crucé por encima y llegué al final de esta construcción donde me esperaba una mujer anciana.

Pasé por allí y supe que esta se manifestaría más adelante con alguna información.

Seguí ascendiendo las escaleras y cuando llegué al final había una casa de una anciana, a quien no vi, pero presentía que mi mamá se encontraba allí. Estaba también la puerta cerrada, más sin embargo entendí que era un lugar familiar».

Cuando desperté de este sueño aún en Inglaterra, me alegré de saber que tendría un viaje diferente, pero no sabía aún en qué sentido. Sabía anticipadamente que dentro del sueño estaba la casa de mi mamá bajo otra forma, las escaleras, eran como símbolo del recorrido único y diferente que haría. El símbolo de la serpiente en la llave de la manguera, era clave para algo emocional muy escondido. Aún sin revelar.

Una semana después de haber llegado apareció el segundo sueño relacionado con el anterior:

«Mi mamá en Medellín tiene alquilada su casa de abajo a alguien llamada Luz María, quien es una persona muy amable y muy pendiente también de cuidar entorno.

En la casa de abajo, hay una conexión afuera para conectar manguera y regar el jardín. En casa de mamá arriba y justo al lado de las escalas hay también otra conexión, la cual en ese preciso momento se encontraba sellada».

El siguiente sueño tiene relación con el primero:

«Luz María había salido justo en el momento cuando pasé por allí y me mostró tres mangueras en diferentes tamaños, yo le dije que me quedaba con la pequeña».

Cuando se terminó el sueño, supe que estaba relacionada con mi familia y en particular con mis tres hermanos, al haber escogido la pequeña, justo adiviné que se trataba del menor y algo que debía realizar en mi estadía con él.

Pues así fue. Una semana después salí con una amiga muy cercana y con afinidad de temáticas, incluyendo el de los sueños, ella me invitó a una exhibición en la biblioteca de la ciudad y desde allí nos fuimos a sentar a un lugar especial para tortas, y capuchinos y tés. Justo allí llegaron dos personajes quienes conectando con nuestra energía se sentaron con nosotras y terminamos extendiendo nuestra estadía hasta casi media noche, cuando surgieron mis sueños como la película que en medio de la noche salió desde adentro hacia este pequeño público, quien a través de las experiencias de uno de ellos con el I Ching y sus símbolos y el otro quien desde la homeopatía, pudieron develar el carácter de la epopeya familiar que se desenvolvería.

Pues dicho y hecho, justo al momento de irnos del lugar apareció un chico, con el nombre de mi hermano menor y para completar la escena, auqel quien habita en su cotidianidad el mundo de la homeopatía y la sanación, espontáneamente me dio el medicamento homeopático que en mi capa actual me encontraba, recomendando el medicamento lachesis, preparado precisamente con veneno de serpiente y del cual hablaré luego para entender todo el cuadro que estos dos sueños, proponían como elementos de trabajo.

Dentro de nuestra historia familiar, nos encontrábamos en él, siete años después de la partida de papá y hubo muchos cierres positivos de una etapa que para todos los hijos incluyendo de igual manera mi mamá fue de mucha sanación y soltarnos de pasado.

Para resumir los procesos, tomé el medicamento homeopático en una dosis alta de a la 50M, la que me despejó mis últimos años emocionales de mi estadía en Inglaterra en limpiar las angustias y ansiedades en relación con mis actividades en el pueblo donde vivo. En el caso de mi hermano menor, se dio la oportunidad de trabajar juntos en un proyecto creativo, uniendo sus habilidades con vídeos y edición y mis conocimientos de astrología y de fondo estableciendo nuevas perspectivas de vida en el sentido sanador para ambos.

Lo increíble de la relación precisa de la información a través de los sueños, fue el haber encontrado de nuevo al mismo chico con el nombre de mi hermano en una segunda ocasión y él haber manifestado sus descontentos, con el sistema, los cuales eran los mismos que mi hermano estuvo encarnado, ya ahora dejados de lado sin ignorarlos pero con pies a una vida que se despejó a través de un cambio de vivienda.

La historia anterior es el resumen de muchos procesos donde hubo reuniones familiares, eventos, encuentros y muchas vivencias donde la vida a menudo da la oportunidad de develar sus símbolos y de seguir un camino un poco más guiado a través de reconocer las señales y símbolos.

Por eso la casa también puede significar no solo nuestro templo interior o cuerpo, sino que también puede estar relacionado con la casa familiar y algo por resolver dentro de ella.

Dentro de los sueños con casas, es importante ver cuantos pisos tienen, cómo son las puertas y ventanas, dónde están colocadas, o que lado ocupan: izquierdo, derecho, si son conocidas o desconocidas. Lo arquetípico como lo fue en el sueño anterior, era que no eran modernas, tenían una representación de castillo encantado y la casa final de la mamá era como la casita pequeña donde está la sabia con la puerta cerrada y en silencio.

Se trataba de una sanación no solamente mía, sino de una constelación familiar a concluir, la cual coincidió con el septenio después de la muerte de mi padre, lo que cerraba un ciclo completo para todos.

Las distintas partes de una casa: piso de arriba, forma de la casa: redonda o cuadrada, pasadizos, ventanas, terraza, techos, a veces laberintos, bajar o descender, subir, puertas abiertas o cerradas. Edificios, sótanos en la tierra, torres, montañas.

Podríamos decir que el sótano simboliza los cimientos del psiquismo del soñante.

En el patio trasero del extraño edificio, que representa un paisaje psíquico que permanece todavía inexplorado por la personalidad del soñante, aparece de repente un antiguo compañero de escuela. Esta persona encarna, evidentemente, otra faceta del soñante, un aspecto que formó parte de su infancia pero que perdió y olvidó en algún momento de su vida.

Es frecuente que nuestros rasgos infantiles: alegría, irascibilidad o confianza, por ejemplo, desaparezcan repentinamente sin saber siquiera dónde o cómo se fueron. Son precisamente estas cualidades extraviadas del soñante las que ahora retornan, del patio trasero, e intentan reanudar su amistad.

Cuál es el elemento más común en tus sueños: fuego, tierra, aire, agua

Para algunas personas puede ser el fuego, dependiendo de la capacidad de acción, desde la astrología el fuego da vida y coloca en movimientos algo, la tierra es enraizamiento, puede ser poseer, seguridad, el aire desde esta representación de elementos está relacionada con la comunicación y el agua está más relacionada con las emociones, el psiquismo. En mi caso en particular tenía muchos sueños desde pequeña con dos elementos, los cuales estaban representados en el caso del agua, en encontrarme en lugares de ríos, el mar y muchos con piscinas. En el caso de la tierra estaban casi todos relacionados con montañas y paisajes de naturaleza, el siguiente es uno de estos sueños.

Este sueño está relacionado con una amiga cercana quien vivía cerca del mar, quien a partir de que le conté este sueño, terminó su amistad conmigo, debido a situaciones familiares por las que atravesaba, y este fue el sueño que le conté:

«Ambas llegábamos a vivir cerca del mar, para llegar allí, ella subía por una pared muy escalonada y llena de piedras, la pared era vertical. Mi pared estaba llena de plantas, era también vertical, cuando llegué al final de la pared, vi el mar».

Aun hasta que tenga un encuentro con ella, entenderé su decisión de separarnos de una amistad de muchos años a la cual dio como causa, este sueño.

Esta misma amiga me hizo en alguno de nuestros encuentros alusión a que ambas éramos índigos, inclusive me mostró en la vida real donde tenía mi marca. Pasaron los días y y soñé con una conferencia sobre cinnamon babies, llegaron muchos hombres. Este fue un sueño donde tuve contacto con un bebé cinnamon en sueños.

«Iba para Cartagena y luego llegué a Miami. Le dije a mi esposo Mike, a último momento, que el vuelo salía a las doce y media. Recordé el viaje de esta amiga y me dio pereza ir allí. En una agencia fui y cancelé el viaje.

Mi esposo Mike dijo que a él si le hubiese gustado ir. Lo volví a cuadrar y cuando llegué allá había una familia con un bebé y el mar enfrente, se metió en el agua y yo con ellos, él bebé era muy avanzado, lo cogí en mis brazos y lo puse en posición de nadar, tenía ojos claros y parecía de encarnación hindú. Luego lo saqué del agua y se le cayó un zapatico que luego encontré».

Volviendo al elemento agua y tierra mezclados, este fue otro sueño:

«Estaba con un grupo con el que me reunía y hacíamos rituales, yo me devolví y me entregaron unas llaves que se desarmaban. En el lugar había mujeres que se tiraban por una roca de una cascada, de una manera fácil. Se bañaban en ropa y caían en pequeños charcos de agua. Yo mientras miraba una roca muy rara.

Luego vi a mi hermano Diego con un amigo y de repente, estando en la roca vimos junto con otras personas unas naves espaciales de diversas formas, volar alrededor de nosotros. Vi unas bolitas casi que imperceptibles que nos cubrían y eran sustancias que nos llenaban de fe y protección».

6

PAISAJES DEL VIAJE Y DEL ALMA

Símbolos. Exploración de símbolos. Sueños mágicos: animales. Ensoñar. Símbolos.

En todas las culturas, familias, hay símbolos asociados a determinados momentos y señales que hacen parte de una especie de identificación reconocible, este lenguaje se da también a nivel personas y se construye de una manera natural y secuencial dentro de cada persona. Un ejemplo de mi experiencia fue mi primera pintura: hice un paisaje con un lago y un árbol que representase su reflexión, fue algo natural y espontáneo pero ya esto sería el comienzo de mi identificación con simbolismo del agua y de los árboles, bajo diferentes representaciones internas y externas.

Otro símbolo que desde pequeña ha tenido un significado en sueños y en mis viajes, fueron recorrer montañas y ríos o el mar, lo que siempre se ha manifestado en la simbología propia, de sueños donde recorro paisajes internos con contenidos para determinados momentos de la vida donde veo mucho: piscinas, islas, montañas muy altas, lugares donde vuelo, que es otra parte de la libertad que se da dentro de los sueños.

En un período último de mi vida, donde los viajes a lugares en particular a islas se volvieron anuales, visitar las diferentes islas en Europa, comenzaron a aparecer casi por tres años dentro de mi simbología los aeropuertos, los aviones donde me encontraba con personas muy cercanas como mi mamá, mi pareja o amigas afines quienes dentro del sueño donde me separaba de ellas, o no nos encontrábamos o debía tomar el avión y tener listos los papeles y las maletas que también se convirtieron en símbolos reconocibles, dentro de la incertidumbre que a veces genera el cuestionamiento, ¿hacia donde vamos?, ¿qué lugar es seguro y tranquilo para vivir?, ¿dónde quiero o elijo estar?

Por eso el símbolo es la unidad básica para entender el lenguaje del inconsciente.

Al establecer nuestra propia bitácora de sueños (brújula o compás de orientación de navegantes) basada en las señales que llegan a través de símbolos, arquetipos, personajes, elementos, tipo de construcciones, etc.

Voy a sugerir que cada persona saque un diccionario propio de símbolos, que han sido representativos en sueños y en la vida para poder establecer la conexión entre ambos.

Comenzando por los animales como símbolo dado tienen para el colectivo o el significado, a nivel personal. Al tener la experiencia desde mis quince años de haber comenzado a viajar por elección de nutrirme de otras culturas, comencé a encontrar desde la naturaleza de mi país, que recibía mensajes desde las montañas, que tienen su forma de expresarse, desde los árboles y más adelante desde los animales

Todo comenzó cuando iba a cambiar de país definitivo y me venía a estudiar a los treinta y tres años inglés a Inglaterra, estando en el campo, paso enfrente de mi una serpiente y a pesar de que no les tenía miedo, me anunció estando en Villa de Leyva un cambio de piel, que sucedió a mi llegada a Inglaterra, al cambiar ciento ochenta grados mi vida.

De allí en adelante viví en diferentes lugares por períodos de cinco a seis años y con antelación al cambio que a veces se daba con un mes de anuncio, comencé a encontrar serpientes que se atravesaban muy sutil y suavemente en mi camino justo antes de estos viajes: los colores fueron todas diferentes: café, rosada, verde intenso, esta última la encontré en un río cerca a una casa de campo donde vivía y al año siguiente, después de conocer a mi pareja me devolví a vivir de Colombia a Inglaterra.

En mi caso un símbolo muy marcado a través de toda la vida puedo reconocer desde ella la energía personal de renovación completa o cambio de piel, a veces intenciones de otros, renovación, sanación.

En el 2020 justo antes de devolverme de vacaciones de Colombia a Inglaterra donde me tocó cuarentena, «soñé con una serpiente pequeña cargada de frutos y de otro lado del árbol al frente de la casa materna una serpiente saltaba como a atacarme y cuando me di cuenta de este movimiento la cogí en el aire, de una manera suave».

En este sueño que suelo dividirlo en imágenes que flotan mientras llega su mensaje desde el símbolo, sentí que pronto cambiaría de país y que desde otro ángulo había una actitud extraña desde una persona que desde la simbología del aire que es la comunicación hacía un movimiento.

Para complementar esta información que la dejé en análisis por un mes, decidí estudiar el mito de Medusa por recomendación de una amiga artista del pueblo y durante la Semana Santa hice sanación a través de las espirales como representación de esta energía.

Otro animal simbólico para mí y para toda mi familia es el tigre o jaguar, el cual siempre llega con otro mensaje que viene desde la cercanía de mi padre con los tigres y todo lo relacionado con ellos. Adicionalmente he visto en sueños de otras personas cercanas que me consultan aparece muy frecuentemente significando lo que esté relacionado con cada persona. Así como he escuchado con personas que sueñan con ratas, mariposas, abejas, hormigas, ballenas o peces, pájaros, búhos, caballos, vacas, entre otros.

Cada persona en particular tiene una relación amable o contraria con determinados animales, insectos, reptiles, inclusive perros y gatos.

Los siguientes son sueños representativos de mis sueños con los dos animales mencionados: la serpiente y el tigre.

Al ser desde la antigüedad la serpiente un animal que hace parte de muchas simbologías, diosas, cada persona deberá establecer su relación al símbolo.

Las serpientes aparecen a menudo en los sueños, a veces en mis sueños me han dado el mensaje de la envidia de alguien cercano, recuerdo estar en casa de una persona que sabía que en un pasado me tuvo envidia y años más adelante cuando la visité «soñé con una serpiente muy pequeña, me sentí contenta ya que supe que ya se había vuelta tan pequeña esta carencia que ya no era dañina».

Pueden estar asociadas a procesos sanadores o para quienes las encuentran amenazantes también tienen su validez para cada persona el soñar con un animal simbólico tiene muchas interpretaciones que además están relacionadas con un momento que se vive en el presente y al estar todo conectado puede venir como aviso de lo que para cada uno signifique.

Una paciente tuvo el siguiente sueño: «soñó que estaba al lado de unos lagos de agua sucia y estaban llenos de serpientes gigantes horribles. Luego iba en un pequeño bote y en él había una pequeña que la estaba persiguiendo».

Cuando analizamos su realidad actual, surgió la palabra miedos a ellas en la vida real, lo que dentro de su proceso curativo de salir de las aguas sucias, estaba atravesando por dar la cara a aspectos de su sombra, que confesó quería evadir.

Con el tema del tigre o del reino felino han sido innumerables sueños, el siguiente está como mensajero para mi sobrino, quien viajó a Toscana Italia a reunirse con sus primos y estudiar repostería por un año.

Sueño de arquetipo familiar común bajo la forma de animal:

«Me encontraba con mi sobrino en un lugar donde había una terraza con una puerta de vidrio hacia afuera en el campo, repentinamente entró tigre pequeño y se me acercó, lo acaricié debajo del cuello y le dije a mi sobrino que me tomara una foto de ese momento. El color de este pequeño tigre era blanco con pintas negras, aún muy indelebles».

Cuando desperté sentí que la energía de mi padre en forma de este animal había llegado a nosotros al ser sus dos favoritos: la hija mayor y su único nieto. Fue un momento para ambos de estar asistidos, por esta energía renovadora y afectiva.

Sin estar cerca en sus preparativos de viaje, estuve conectada deseándole un feliz viaje en su nueva etapa de vida, a través de un tótem familiar.

Más adelante a través de una amiga que ha sacado un oráculo de animales entendí las cualidades que tiene el jaguar, de la familia felina.

Símbolos en el afuera: fuera de las serpientes, las escalera, los búhos, los números y sus significados, el colibrí, el búho, los árboles, entre innumerables que aparecen en épocas y obedecen a ciclos y edades, es como aparición de ellos por épocas y a veces en conexión con los sueños y eventos de ese momento.

Sueño de una prima confirmado en un viaje:

«Soñó que su papá le mostraba un árbol grande en un lugar que no era familiar para ella, si le quedó grabado por ser un árbol mediterráneo». Su padre era italiano y había muerto hacía bastante, cuando cumplió sesenta años hizo un viaje por toda Italia y en una de las pequeñas islas, donde su padre había nacido, llamado Carlo Forte se reunieron con tíos cercanos y familia. Un día salieron y se sentaron en una plazoleta al lado de un árbol, el cual en ese instante fue reconocido por mi prima como el árbol que su padre le había mostrado en sueños.

Cuando hice un viaje a Efesos en Turquía, me tocó compartir el cuarto con una mujer colombiana, quien en medio de la noche, al despertarme de repente, la vi como una indígena resentida, imagen que correspondía a comportamientos que ella a veces tenía y yo no entendía. Luego durante el viaje me llegó otro sueño con ella y fue precisamente relacionado con serpientes.

Prácticas para exploración de un símbolo

Cada persona debe recoger dentro de su lenguaje simbólico desde adentro y desde afuera cuales son sus animales de poder, elementos, significados de lugares, casas.

- Elegir el que tenga o sienta que tiene un contenido energético.
- Elegir un símbolo con contenido curativo para ese símbolo.
- Escoger una palabra que haya estado en tu sueño.
- Elegir un símbolo que le produzca temores.
- Realizarse una historia con estos elementos.
- ¿Qué cambios o qué reflexiones me están trayendo estos símbolos?
- ¿Qué dinámica interna dentro de mi personalidad se refleja en este sueño?

Hay que indagar sobre la sexualidad, como energía, dentro de los sueños ya que también tiene su representación propia.

Ejemplo: hoy tuve un sueño corto, y simbólico:

«Escalaba un lugar con piedras de las cuales me tenía que agarrar muy firme, mientras subía pensaba: "nunca antes había escalado algo tan empinado como este camino", cuando iba a medio camino bajaban dos hombres que en medio de la estrechez del camino trataron como de pasar por encima de mí, pero sin agresividad continué mi camino, del cual no me faltaba mucho, dentro del sueño me di cuenta de que había llegado a una cima dentro de este camino».

Cuando desperté recordé algo que había quedado enterrado en mi inconsciente y que había sucedido hacía quince años.

Fue algo muy fuerte en ese momento para mi, había llegado a vivir a Mallorca y había contactado un médico antroposófico para atender pacientes unos dos días a la semana en su consultorio en Palma, había hecho tarjetas y estaba lista para empezar ya que vine a vivir a la isla, cuando llegué a mostrarle mis tarjetas me salió con que había tenido conversaciones con un homeópata muy famoso en la isla y habían decidido que no había campo para más homeópatas.

Me quedé impávida y aterrada del dominio machista que habían asumido… Recuerdo que me devolví llorando en el carro y atendí pacientes desde la casa en la época de la prohibición del cigarrillo en España en sitios públicos, pero fue algo muy fuerte, que apenas me vino quince años después para ser sanado, en mi trabajo de sanar miedos a ofrecer lo que tengo para dar.

Mi dinámica interna, en este sueño, es resolver mi deseo de llegar a la cima siempre en lo que realizo y al mismo tiempo aceptar la dificultad del tiempo actual de la competencia tan peleada por territorios.

En los sueños existen contenidos de egos de ambos lados sin resolver. por eso dentro de los sueños es fundamental mirar también al igual que en la vida real, los contenidos desde la esencia o desde la sombra de los símbolos, personas o de aquello con lo cual esté relacionado el sueño.

A menudo es otra forma de revisarnos y mirarnos a nosotros mismos. O entender comportamientos del otro. Todo en las relaciones está mostrando una unidad

Símbolos y arquetipos del inconsciente colectivo

Para mi simbología de carros, siempre lo he relacionado con la personalidad, con el cuerpo físico, con algún aspecto de lo personal.

Recuerdo que tuve una época donde me sentía muy desvalorizada por el masculino patriarcal y a pesar de que nunca me dejé socavar mi propio femenino interior, lo tenía muy débil... Recuerdo que a veces no tenía energía de entusiasmo para crear y esto era producto de lo mismo. En sueños comenzaron a venir papá y mi hermano Diego y comenzaron a devolverme mi masculino bien ubicado.

De otro lado comencé a soñar con amigas muy enraizadas y muy dedicadas a trabajar con intensidad en el afuera y en los sueños ellas me regalaban botas, las cuales pasaron a ser para mi el significado de ponerme las botas de nuevo de lo que solía ser en el aspecto de pionera y líder.

De igual manera recuerdo que comencé a comprar botas de diferentes tamaños y cuando me las colocaba me sentía empoderada de nuevo.

Recuerdo que en esa época otra amiga en la vida real me regaló dos cinturones elásticos, los cuales serían los únicos que usaría y los relacioné también con tomar las riendas de mi masculino pero de una manera flexible y elástica y así lo hice, como era un tiempo de vacaciones, sentí que esta amiga estaba muy conectada conmigo.

Otra forma de percibir cómo funciona la mezcla de lo que nos llega en sueños o por intuición y lo que comienza a suceder en la vida real lo ilustraré en el siguiente sueño: donde hay conexiones profundas. El tema de las camas es algo también muy simbólico y muy ligado al hecho de soñar en sí mismo.

El siguiente sueño lo tuve un año antes de conocer a mi esposo.

«Soñé que estaba en el balcón de la casa de mi madre en Medellín Colombia, este era un lugar donde yo contemplaba con frecuencia las montañas nuestras, y un día vi llegar una cama hermosa la cual traía unas flores exóticas grandes como de otro planeta, cuando aterrizó que fue la manera como llegó me sentí muy contenta, me desperté y solo me dije de inmediato: me huele a boda y a pesar de que aún no lo conocía sabía que este era el anuncio que sería algo muy exótico que así fue».

Otro sueño muy frecuente sola, o con familia o con pareja o en grupo es con ríos, dentro de mi sueño, aparece el tamaño del río, el color, lo tranquilo o correntoso, la forma de meterme en él, para mi significado siempre está relacionado con situaciones como si el río significara la vida y el fluir.

En la generalidad otros sueños con agua son casi siempre desde pequeña con piscinas, por un lado, porque mi principal deporte es nadar y es el que más me relaja y por otro casi siempre son piscinas transparentes y a menudo hay dos piscinas una al lado de la otra.

También sueños con el mar o represas, diría que de todos los elementos el más común en los sueños de vida, han sido, los del elemento agua. El agua está relacionada de alguna manera al mundo emocional, ena lo ancestral, ena lo que fluye, al inconsciente colectivo, a las aguas de la vida, al fluir.

Sueños mágicos: animales

Los sueños mágicos son aquellos que, más que un mensaje, traen el elemento creativo y lúdico, en especial para aquellas personas que trabajan la creatividad. En mis sueños relacionados con inspiración para el día siguiente, entro en estados alterados donde los animales, las piedras y las plantas recobran la vida que poseen y comunican sus mensajes.

Cuando en la vida cotidiana encontramos la presencia de ciertos animales o plantas hay que conectar con la información que para nosotros estará relacionada energética-mente.

Sueño con animal Platipus:

«Me habían prestado una finca en un pueblo donde estaba de paso. Allí llegaron amigas del colegio: Norma Cardona, Angela Machado, otras dos fumaban afuera: Clara Mazo… En algún momento apareció un platipus al cual había que meterlo en agua, no había donde, buscamos un recipiente lo más grande posible para meterlo allí en agua, estaba asustado, fuera de su medio, lo cogí y lo abracé, encontré un recipiente más grande y lo metí allí, se sintió mejor y de repente se esfumó».

Este animal es uno de los animales arquetípicos de mi pareja.

¿Qué significan para ti los murciélagos? Cada símbolo está asociado a la experiencia del soñador y a su diccionario de experiencias donde la vida le ha entregado regalos a través de la energía de los animales, la cual es algo poderoso.

Recuerdo que en los momentos donde hay experiencias muy fuertes de succión de energía desde personas amigas o no amigas, ellos han aparecido a ayudarme o están cerca a aquellas personas causantes del robo energético.

Recuerdo que, cuando llegué a Inglaterra y al estar con una persona que se había divorciado hacía siete años, tuve que protegerme de energías que surgieron entre él y su ex, por no haber cerrado completamente el círculo.

Por este motivo, me di cuenta del robo energético que se daba desde ella y un día cualesquiera llegó su hija menor y contó que en el techo de la casa donde vivían la cual era campestre, habían llegado miles de murciélagos y se posaron en el techo. Solo con esta información me di cuenta de que ellos llegaron allí para absorber esta energía de la persona quien a través de esto dejó de molestar.

Cuando me consultan sobre este símbolo y desde la historia, siempre hay relaciones directas, con la persona que estaba causando la des-estabilización energética en alguien cercano. A menudo las personas se materializan físicamente consciente o inconscientemente en forma de animales que pasan cerca de nosotros o que llegan a nuestra casa, hay que entender el mensaje o por qué escogen esa forma energética para manifestarse.

En sueños tuve algunas experiencias con Ramona, la perra de mi hermano menor, quien llegó a la vida de él y su hijo después de la muerte de papá y no por azarhar le pusieron un nombre parecido al de mi papá que se llamaba Ramiro.

Ella en diversas ocasiones canalizó la energía de papá durante mi estadía en Colombia; papá se había marchado pero aún deambulaba, luego en sueños vi como Ramona que me cuidaba. Recuerdo que la primera vez que vi la expresión de papá en ella, fue cuando mi sobrino quien estaba viviendo con mamá en ese entonces se iba por largas horas a la terraza y ella no subía con él respetando su espacio.

Papá vino un día a través del perro quien me miró fijamente y me dijo mentalmente: ¿qué vamos a hacer con él? y seguidamente fue al lado de mamá, su viuda y la cuestionó... Él sabía que allí en medio de todo esto las oraciones de mamá y la luz de protección estaban haciendo milagros.

Estando con mi otro hermano, en un río salvaje, nos reveló en forma de colibrí, ¡mi ave favorita! Cuando mi hermano menor y su hijo se fueron una semana de vacaciones, el perro quedó solo con mamá muy triste, al enterarme fui esa noche en mis sueños, a tranquilizarlo y lo logré, le pregunté a mamá luego cómo seguía y me dijo que ya estaba relajado... Mi primer amor en la distancia, también se manifestó en las escalas de mi casa una noche, esperando a que yo llegara, era un perro callejero. Un amigo mío clarividente me dijo cuando llegamos: «Mire ahí, la están esperando».

A nivel familiar desde nuestra infancia y a través de nuestro padre, nos relacionamos mucho con tigres, los cuales tuvimos la oportunidad de ver pequeños y grandes y ser parte, como de un arquetipo familiar.

Recuerdo que no solo he tenido sueños con tigres y otros de la familia felina, sino también experiencias de verlos acercarse de cerca en lugares selváticos en la costa colombiana.

El siguiente sueño estuvo relacionado con una pintura donde plasmé este arquetipo, y cuando se la mostré a un amigo cercano se enamoró de la pintura (él por ser sensible percibió la energía del arquetipo) y me la compró.

Tres meses más adelante tuve el siguiente sueño relacionado:

«Llegué a la casa de un amigo cercano y le entregué una bola grande como tejida (así recuerdo la bola con la que papá llamaba los tigres) cuando se la entregué con un movimiento de mis pies a sus pies, él la recibió y en el momento que la tocó, salió de allí un puma, el cual era mío y estaba feliz de estar allí. Le dije que, por no tener el espacio al momento, lo cuidase ya que su casa era muy espaciosa. El puma gustó del lugar, y repentinamente saltó al segundo piso, me quede asombrada de su agilidad y me sentí tranquila de dejarlo temporalmente allí».

Recuerdo que una parte de mí, quería conservar la pintura, pero otra me causó mucha alegría de que mi amigo quien me conocía se hubiese enamorado de esta pintura y que la haya puesto en su cuarto. Lo cual lo entendí luego, a través de este sueño. Tiene también relación también con necesidades afectivas internas, en el otro que a través de la imagen se completan.

Existen muchos símbolos asociados a diferentes animals, que han sido analizados y sobre los cuales se han sacado significados, yo siempre recomiendo analizarlo en términos propios. Por ejemplo el caballo es un arquetipo muy difundido en la mitología y en el folklore. En tanto que animal encarna la psique no humana, lo sub-humano, el animal que hay en nosotros y por ello el psiquismo inconsciente; así, los caballos del folklore son clarividentes, capaces de comprensión y a veces hasta están dotados del impulso instintivo y briosidad o ser portadores, de arquetipos dinámicos relacionados con las experiencias de la persona.

Otra representación del caballo son los unicornios, de los cuales existe una dimensión donde se viaja en sueños y se tiene experiencia de ellos, recuerdo un par de ocasiones donde he visitado este lugar y me he encontrado con otro tipo de plantas y paisajes donde ellos habitan.

Ensoñar: despierto o dormido

Don Juan Matus definió el ensueño manifestando, que era el acto de utilizar los sueños normales, como puerta de entrada que conduce a la conciencia humana hacia otros ámbitos de la percepción. Esta definición implicaba, para él, que los sueños comunes, podían ser usados como una escotilla que guiaba la percepción hacia otras regiones de energía, diferente de la del mundo de la vida cotidiana y, sin embargo, sumamente similar a ésta en su núcleo básico.

El resultado implicaba la percepción de mundos verdaderos en los que se podía vivir o morir, mundos increíblemente distintos del nuestro y al mismo tiempo, sumamente similares.

«El ensueño únicamente puede ser experimentado. Ensoñar no es tener sueños; tampoco es soñar despierto, ni desear, ni imaginarse nada. A través del ensueño, conseguimos percibir otros mundos, los cuales podemos ciertamente describir, pero no alcanzamos a describir lo que nos hace percibirlos. Sin embargo, podemos sentir cómo el ensueño abre esos otros reinos. Ensoñar parece ser una sensación, un proceso en nuestros cuerpos, una conciencia de ser en nuestras mentes.

Hay muy pocas diferencias entre el **ensoñar** mientras estamos despiertos y **ensoñar** cuando estamos dormimos. Ambas suceden por el desplazamiento de nuestra percepción ordinaria a una percepción extra-ordinaria, en este proceso, se pone al descubierto el lado más luminoso y energético de nosotros mismos. Nuestro *cuerpo energético*, nuestra esencia. Cuando estamos en un estado de percibir desde nuestra esencia, la mirada del mundo cambia y la puerta para acceder a otros mundos se abre.

El motivo es que, en muchos lenguajes, la palabra y el uso como verbo de «soñar», se asume como que el «ensoñar», solo ocurre al estar dormidos. Para los videntes del México antiguo, lo referido anteriormente simplemente representa el punto de salida en el que la persona que duerme sólo está actuando las experiencias de su vida.

En el lenguaje español de los antiguos videntes esto se llama **«soñar»,** o la forma en la cual los sueños suceden en la conciencia ordinaria. Pero los videntes del México Antiguo tienen otra palabra y forma más avanzada para el «soñar» dormidos, que involucra al cuerpo energético en su totalidad y que catapulta al ensoñador a paisajes desconocidos, a la interacción con formas de vida inorgánica y con mundos foráneos de percepción.

Análogamente, este mismo estado existe en el ensoñar estando despiertos. La mayoría de nosotros reconocemos que hay una forma definitiva de percibir la vida diaria, muy concreta, llena de imágenes y haceres de nuestro trabajo, familia y amigos, al igual que la repetición de nuestras historias personales. Y luego, hay esta «otra forma» de conciencia despiertos, intuitiva, un tipo de saber instantáneo, desprovisto de palabras, una manera de percibir pura energía por arriba y por debajo de lo concreto, pero que al estar sin entrenamiento, sucede sólo esporádicamente, momentáneamente, por sólo segundos en nuestras vidas.

Este «segundo» tipo de conciencia estando despiertos se tiene en esos instantes de la vida diaria cuando estamos con nuestro cuerpo energético. Esos instantes cuando sabemos lo que sucederá; con esos seres que amamos cuando están en peligro o sintiéndose dichosos, y que están a kilómetros de distancia; esos momentos en los que de hecho «vemos» las capas del mundo tal y como existen, una sobre otra, y que las vemos simplemente al asomarnos a la puerta de la casa.

Nuestro acceso a otros mundos, existe tanto despiertos como dormidos cuando nos conectamos con nuestro cuerpo energético o esencia. Y para los videntes del México antiguo, este, y cualquier tipo de cambio en la percepción producido al conectarnos con nuestro cuerpo energético se llama «ensoñar».

La ventaja de nosotros, al poder soñar como lo hacen los videntes, es entender que nuestro mundo no es el único mundo que existe, y, que tal como podemos visitar las capas interminables de mundos posibles, tenemos posibilidades sinfín de manejar las, aparentemente, experiencias ordinarias de nuestra vida diaria, como por ejemplo encontrar un trabajo, amar a alguien, cuidar de nuestros hijos y padres.

En pocas palabras, ensoñar despierto y dormido vuelve a nuestra percepción fluida, dejamos de estar confinados a nuestra vida personal, ya sea como manifestación de nuestro inmenso valor personal, o del de no valgo nada.

En su lugar, desde un estado abstracto que nos da nuestro cuerpo energético, nos hacemos más abiertos de corazón, compasivos y amorosos hacia las cosas y sucesos de este mundo: los problemas cotidianos se convierten en desafíos que simplemente necesitan solución, en lugar de ser trampas de por vida, y la aparente repetición aburrida de nuestra vida termina siendo vista desde una posición abarcadora, profunda y bella.

7
OTRAS REALIDADES

Mitología, pesadillas, encrucijadas, protecciones. Parálisis del sueño. Recapitular. Los chacras. Relatos de sueños mitológicos y de empoderamiento. Estar centrado dentro de una pesadilla: punto de unión de encrucijadas donde cualquier estado se modifica. Mitología

Según la antigua mitología griega, Hipnos, el dios del sueño, es hermano gemelo de Tánatos, dios de la muerte suave y no violenta. Ambos vivían en Hades en cavernas cercanas, las cuales no recibían ni luz solar, ni lunar, había profundo silencio. Estaban rodeadas de amapolas y plantas que ayudan a dormir o a inducir a estados de sueño.

El río Leto (el olvido) corre desde la cueva de Hypnos, en la cual se encuentran el día y la noche. Hipnos también era hermano de la muerte violenta (Keres), así como de las Moiras, diosas del destino. Era hijo de la noche (Nyx), y esta a su vez lo era de Caos. Con su esposa Pasítea, tuvo mil hijos, los Oniros, los más famosos aparecían en los sueños de los reyes, Morfeo, Fobétor (o Iquelo) y Fantaso. Morfeo se ocupaba del contenido animado de los sueños de los seres humanos, mientras que los otros dos Oniros, eran responsables de los animales y los objetos inanimados en los sueños.

Hypnos fue consultado por Hera (diosa del amor y del matrimonio, casada con su hermano Zeus) en un par de ocasiones de poner a Zeus a dormir.

Endimion recibió de Hypnos el poder de dormir con los ojos abiertos para poder vigilar constantemente a su amada Selene (la primera representación de la luna).

Toda esta mitología nos habla de que cuando nos profundizamos después de descansar en los mundos internos de nuestro inconsciente descendemos a Hades en muchas ocasiones, encontramos eventos conectados al destino, también plantas y animales que aparecen activadas o que están contenidas en lugares que visitamos, lo que sería importante dentro del sueño es estar siempre en estado de alerta y vigilancia o ser un observador del sueño. Cuando estamos expandidos en nuestra luz trina, estaremos protegidos dentro del sueño, en especial cuando se transite por lugares de baja vibración y de pesadillas.

Las pesadillas

Las pesadillas pueden ser debido a diferentes causas, las cuales van desde el rango de haber comido demasiado o haberse acostado demasiado lleno sin tener tiempo de digerir alimentos, a tener pesadillas por diversos motivos tales como el vivir en una casa que haya sido habitada por personas que han muerto y no se han marchado o han sido asesinadas o han sufrido muerte violenta, lo que desata que en la noche estas energías no dejen en paz a aquellas personas que viven allí.

Actualmente hay seres que se manifiestan en la *psyche* de personas muy jóvenes o limpias en su energía, en general jóvenes y toman la forma energética de la pareja, mascota o alguien de la familia. Dentro de los sueños, estas personas se han empoderado y han hecho preguntas a estos seres, para no permitirles la entrada, ya que hay muchas energías de estas actualmente en el planeta tratando de poseer cuerpos de humanos.

Como se hacen pasar por personas cercanas, es importante reconocerlas y de una manera serena no aceptar intrusión.

Como existen en la actualidad existen seres que suelen captar planos de psiquismo y pueden entrar en las personas a menudo manipulando y creando problemáticas que a menudo se salen de una solución fácil. No me voy a referir a casos, pero muchas personas en especial jóvenes lo han vivido.

Si sabemos que lo anterior ha ocurrido hay alternativas: limpiar la casa de estas energías a través de alguien que se comunique con estas personas y las despida enviándolas al túnel de luz, para que se marchen para siempre y al mismo tiempo que sean liberadas de deambular sin rumbo.

Un hermano tuvo esta experiencia en una casa, donde personas que habían muerto recientemente en el pueblo donde vive, aparecían en la noche. Estas energías en su casa, por ser sensible y poder percibirlas, lo que lo mantenía despierto o le causaba malos sueños. Hubo que realizar una limpieza.

A menudo lugares o casas que son visitadas por muchas personas extrañas que dejan sus pensamientos en el lugar, deben ser limpiados con incienso o con hierbas que despejan el campo de los lugares que son muy visitados.

Existen también pesadillas cuando se entra a planos de consciencia astrales muy bajos, donde las energías atraídas allí están contaminadas y puede haber seres atrapados en estas bajas realidades.

Por todo lo anterior, es importante estar protegido bajo la forma de tener un templo propio interno, desde el cual se realicen todos aquellos viajes en planos de luz y dimensiones donde se encuentren revelaciones y guías de vida.

Recuerdo el día que pasé en Colombia hace muchos años en la costa Pacífica en un lugar alejado de la civilización, y en un encuentro con alguien muy conectado al mundo de los sueños aprendí de él a crear mi templo interior, con el cual viajo a cualquier lugar donde vaya y dentro del mismocual me transporto a otras realidades.

Para cada persona es un ejercicio que ayudará a mejorar la calidad y veracidad de las experiencias durante la noche, ya que cada templo interior es una visión propia de creación y permanencia para trabajar en los mundos internos.

A menudo es un lugar dentro de los cuestionamientos importantes de vida. Concerto encuentros con mis guías para recibir la respuesta a través de mis sueños o de alguna experiencia muy directa al día siguiente a través del mundo cotidiano o alguna persona que viene y reconozco el mensaje.

Hay una experiencia llamada viajar en Jinas, ia cual es vivida por personas que se trasladan directamente a lugares en la noche mientras duermen y en cuerpo físico visualizan situaciones que están por suceder.

Una amiga argentina, tuvo esta experiencia, un día en la cual ella se vio en pijama cerca de un lugar en Barcelona donde luego pudo enterarse de un evento que ella vio mientras estuvo allí. De igual manera en otra oportunidad se anticipó a un incendio que hubo en una isla cercana a donde ella vivía.

Encrucijadas

Considerando las circunstancias actuales de la tierra donde los cambios de residencia obedecen a movimientos y circunstancias diferentes, incluyendo las políticas, hay muchas personas que han cambiado de país o de ciudad y a quienes les ha tocado adaptarse a las condiciones del nuevo lugar, donde la vida los ha dirigido a establecer sus mundos y relaciones de una manera repentina, la cual a menudo produce sentimientos y emociones encontradas tales como: sentirse atrapadas, adaptarse a una cultura diferente a veces aprender una nueva lengua, costumbres y todo lo que conlleva adaptarse a vivir en otra cultura diferente a la propia.

Tuve la fortuna de entablar relación con una señora mayor que llegó a vivir cerca al pueblo donde vivo, la cual debido a que Mugabe en su tiempo de presidente de Zimbawee quien fue un tirano y quien al ser vecino de su finca allí, tuvo que dejar su casa, por correr peligro, se tuvo que venir a vivir con su hija en Inglaterra, a una edad donde cumpliendo sus setenta años le tocó trasladarse y adaptarse a otras condiciones nunca deseadas o soñadas como lo fueron el clima, forma de relacionarse entre las personas, comidas. Le tocó empacar maletas de un día para otro, dejar su finca y todo lo que la unía a su tierra y venirse del todo a Inglaterra a vivir con su hija, quien vive ya casada con su esposo y tres hijos en el campo hace bastante, fue buen recibida, pero al vivir alejada del pueblo cercano estuvó varios años muy des-adaptada y en diferentes terapias incluyendo principios de Alzheimer.

Habiéndola conocido casi desde que llegó y ya con sus siete años de vivir aquí en Inglaterra en estas circunstancias las cuales no dejan de ser difíciles, por estar con su hija quien tiene tres hijos pequeños y muy inquietos.

Además del clima tan diferente, en todo el sentido de la palabra, diferente al de Sudáfrica. Ella a través de su aislamiento al cual se ha visto sometida, sin una buena comunicación o casi nada de comunicación con su hija, además de no estar informada de ninguna de las actividades normales que van sucediendo, el día a día pasó a estar totalmente desinformada. Circunstancias tales la han ido desubicando mentalmente al punto de entrar en el olvido de cosas importantes del diario vivir y también de su vida. Días después de su llegada tuvo un sueño tan demasiado impactante para ella por lo grotesco, el cual me compartió por haber quedado grabado en su memoria y con todos el lujo de detalles de semejante experiencia onírica

Su sueño fue el siguiente:

«Llegó a un lugar asqueroso, lleno de sudafricanos de donde ella venía tirados en el piso, enfermos, construcciones destruidas, rocas deformes, personas que no le hablaban, olores nauseabundos, laberintos y escombros….

En algún momento entró a un lugar donde había un fuego encendido y allí un africano la ignoró por completo y ella dentro del sueño, se sintió tan perdida que preguntó: "¿dónde me encuentro, quien soy? ¿Como salgo de aquí?"

Ella misma veía todo tan perdido que dentro de si pensó: "si al menos encontrase una puerta por donde salir". Cuando de repente vio un pequeño espacio con luz y alguien de figura pequeña le ayudó a salir de allí».

Cuando me contó este sueño, vi que había una esperanza liberadora del sufrimiento interno y esfuerzo que el alma está haciendo por no perder la razón. Le di la idea de comenzar a explorar salidas hacia los mundos internos y restaurar la alegría por la vida, dentro de estas difíciles circunstancias….

El sueño para ella fue una manera de entrar a su dificultad y ver al final del sueño su luz y la puerta para salir de esta situación.

Podemos ver que fue una puerta pequeña, ya que en su nueva vida, a pesar de estar bien, eran muchas las limitaciones espaciales, dentro del amor con el cual fue recibida por su hija y amistades cercanas.

Los cambios de lugar en lo físico representados en viajes, cambios de casa o de país producen a menudo sueños relacionados donde encontramos soluciones. Por ser viajera y desde muy temprana edad sabía dentro de mí los lugares donde viviría, en lo relacionado a países, sabía esperar el tiempo cuando la oportunidad se presentaba y de inmediato me iba tras ella, a sabiendas que ya todo estaba listo para caminar hacia determinado destino.

Dentro de la incertidumbre que se vive en los viajes por tener un alto contenido de adaptación a nuevos entornos, es importante entrenar el campo de la dimensión onrñirica para encontrar soluciones y conexiones en la vida del lugar.

Cuando llegué a Inglaterra por segunda vez a mis treinta y tres años seguí en todo este instinto u olfato natural para cumplir con un destino que vino a mi encuentro de una manera muy especial y fluida, donde confirmé que estaba en un período de vida muy importante ya que a los treinta y un31 años y medio es el momento donde se está más encarnado en la experiencia terrena y todo lo que viví a partir de este año fue encontrarme con un destino que yo había elegido.

Un año más adelante al cumplir treinta y cuatro años decidí dejar Londres, ya hablaba inglés como para defenderme y me fui a vivir al sur de Inglaterra a una comunidad antroposófica.

Como los sueños eran la forma para mis comunicaciones con mi Ser superior, recuerdo que estando allí la familia con la que supuestamente viviría había tenido un revés económico y no me podían tener con ellos, justo en el momento de mi llegada, lo que no me preocupó, pero ellos al mismo tiempo se ofrecieron a ayudarme a buscar otras opciones…

En la primera semana allí estando con esta familia «soñé con un cementerio» y al despertar me pareció muy extraño ya que no tenía conexión con mi vida del momento, ni tenía a nadie cercano enfermo. Como la mujer de la casa era también una persona afín a estos saberes, se lo conté y de inmediato me dijo que estaba conectado con un lugar en la costa a una hora de donde estábamos y que allí cerca de un cementerio, había un hospital y estaban entrevistando personas para ofrecer trabajo de asistente de enfermera, o ayudar a cuidar ancianos.

Inmediatamente con esta información tomé un bus y me dirigí al lugar, el cual no era nada fácil de encontrar ya que había que atravesar una colina a pie, más sin embargo seguí las instrucciones. Cuando llegué al lugar como a eso de las once de la mañana, estaban entrevistando personas y me preguntaron que si venía para la cita de trabajo.

A lo que contesté que sí, y seguidamente la directora del hospital habló conmigo y después de una entrevista muy fácil, salí de allí sintiendo que me llamarían pronto. Llegué a la comunidad y le conté a la señora que me había visualizado la correcta información de mi sueño y me dispuse a esperar. La gran sorpresa fue la inmediatez con la que me avisaron, creo que no habían transcurrido dos horas para decirme que fuera a llenar papeles que el puesto era mío.

Este sueño del cementerio, al haberlo compartido con una persona que entendía de sueños ayudó a que ella me diera las señales de mi nuevo trabajo. Lo más increíble de este sueño y de la historia completa, era que yo al estudiar medio tiempo podía trabajar media jornada o tiempo, lo que jamás imaginé fue que sin tener ni idea cómo desde ese momento adquirí un número de seguro que se necesita en este país para trabajar, el cual hubiese tenido que posiblemente esperar a terminar los estudios y justo lo tuve desde ese momento para el resto de mi vida en Inglaterra.

Trabajé allí muy contenta ayudando en un pabellón de trece ancianos, hasta que un día me tocó dejar este trabajo, porque resulté de repente en el hospital llevada en ambulancia como resultado de una oclusión intestinal causada por cargar demasiado peso de todos estos ancianos. Fue un trabajo que me ayudó a pagar mis estudios de homeopatía, llevada allí a través de un sueño.

Protecciones

Cuando se trabaja con sanación, con limpiezas energéticas, con sueños, o simplemente cuando hay ambientes pesados en especial con las relaciones, ya que si el aura o el cuerpo etérico se encuentra abierto hay posibilidad de que personas de manera inconsciente se entren en nuestro sistema y aquellas partes donde se anidan son nuestros puntos débiles o aquellas fragilidades que ya están crónicas o que se están formando como producto del mundo emocional.

Hay varias formas de protegerse:

- La oración: por ejemplo el Salmo 91.
- Cubrirse diariamente con luz del color que sienta: por ejemlo el uso de la la llama trina: azúl, dorada y rosa, la cual día a día la crezcohag crecer y retroalimento desde mis cuerpos sutiles hacia el afuera, en especial cuando voy a sitios que la energía puede estar pesada o densa. Visualizando un tubo de luz desde ell ombligo o plexo solar a la tierra en forma de cilindro y mantenerlo anclado durante el día para estar conectado a la tierra y en la noche visualizarlo del plexo solar hacia arriba, con luz del color que sea necesitado.
- Hay mantras de protección: se puede usar «Yo soy la luz de Dios que nunca falla».
- Pedir diariamente a nuestro ángel guardián y otros ángeles y en especial al Arcángel Miguel la protección auto-sostenida. Acompañado de rodearse de luz azul intensa. Puede ser en forma de cilindro o tubo de luz alrededor.
- También abrir una pirámide con la punta hacia arriba extendiéndola hacia la coronilla unos centímetros arriba y la otra punta hacia abajo, penetrando la tierra de una manera visual y colocar el cuerpo físico en medio, es algo que ayuda para delimitar espacio.
- Se puede complementar con colocar cuatro rosas en el piso: al frente, atrás, al lado derecho y al lado izquierdo, haciendo una figura geométrica que protege desde la forma piramidal y complementarlo con el anterior. O colocar una rosa enfrente de nosotros, extendiendo el límite que queremos tener de nuestro espacio áurico donde no se quiere que penetre nadie y a partir de allí hacia afuera, establecer que los demás se muevan de allí hacia el espacio disponible, sin que nunca toquen nuestro espacio. Es algo que ojalá se haga en las mañanas, día a día, para asegurar cubrimiento, en especial en ciudades o lugares donde la energía está densa.
- El uso de los aceites esenciales, en la parte del ombligo y plexo solar: lavanda, mirra, rosa, manzanilla, son aceites que ayudan a relajar.

- Piedra lumbre con agua, en un recipiente con una cucharada de sal marina. Las piedras como la turmalina, labradorita, obsidiana, amatista.

Sueño de mi esposo en situación de su hija y expareja cerca a la boda de una de sus hijas: no pudo dormir bien, pensando en que su hija le escribió una carta muy agresiva al respecto de su *speech* y de su asistencia a la boda. Fue dura y creo que tenía razones y reclamos infundados.

Su sueño fue acá en la casa, solo recuerda que en el lugar donde estaba había spaghetttis por todos lados...en las paredes. Dentro del sueño se dio cuenta de que había un almuerzo en casa pero que había muchas personas desconocidas que trajeron ingredientes y lo único que él veía era desorden y spaghettis por todos lados....

Mi sensación era real acerca de exactamente lo que estaba pasando, un tipo de energía pegajosa y muy enredada y con las manos e ingredientes de personas que él ni siquiera conocía. El como suele hacer, me dijo que no quería saber nada de su interpretación y lo dejamos allí, esperando a que los enredos desde ellas se resolviesen.

Parálisis del sueño

La parálisis del sueño es un trastorno que consiste en la imposibilidad de moverse y hablar cuando se pasa del sueño a la vigilia. Un episodio bastante común que suele generar cierta angustia a quien lo padece, ya que suele ir acompañado de alucinaciones. Por momentos, cerebro y cuerpo se descoordinan, y de ahí que recuperemos la consciencia antes que la movilidad corporal

La **parálisis del sueño** es un fenómeno por el que se produce un despertar incompleto de la persona. Aparece en las transiciones entre el estado de sueño y vigilia, normalmente en el momento de comenzar a dormir o en el de despertarse.

Este trastorno del sueño, que se sitúa dentro del grupo de las **parasomnias** según la clasificación internacional de trastornos del sueño, afecta a uno de cada mil habitantes. En una entrevista concedida a EFEsalud, el doctor, director del Instituto de Investigaciones del Sueño, expresidente de la Sociedad Española del Sueño, explica las características de la parálisis del sueño; un fenómeno del que destaca «tal vez sea más frecuente de lo que pensamos».

Durante la fase del sueño **REM** (por *rapid eye movements*), existe una gran activación de la corteza cerebral, se producen los sueños y se da una atonía muscular generalizada. En ocasiones, estas características fisiológicas del sueño REM, «se introducen de alguna manera en la fase no REM, es decir, entre el sueño más profundo y la vigilia», explica el doctor. La persona que se encuentra bajo esta parálisis, está **cognitivamente despierta** pero experimenta una **sensación de paralización** de, prácticamente, toda la musculatura voluntaria excepto los ojos y el diafragma respiratorio. También es característica la paralización de la laringe, lo cual imposibilita el habla de la persona mientras se produce este trastorno del sueño.

La duración de estos episodios suele ser variable. Generalmente son de una duración corta, de entre veinte segundos hasta dos minutos. Pasado ese tiempo, la parálisis remite espontáneamente y sin consecuencias. Hablar de un período de duración más largo es inhabitual. No obstante, el doctor matiza que «se las llama alucinaciones pero en realidad son pseudoalucinaciones», pues la persona que las padece sabe de manera fehaciente que lo que siente, ve o escucha no es real. Por ello, aunque este tipo de pseudoalucinaciones puedan estar detrás de supuestas experiencias paranormales.

Una amiga cercana quien comenzó a tener estas experiencias descritas desde sus diecinueve años, ella quien ahora ya aprendió bastante sobre esta su experiencia, recomienda para estar más protegido de vivirla: mantener la vibración muy alta, estar consciente y limpiar energéticamente lugar o espacio sagrado, no tener miedo, ni permitir desde la libre voluntad la entrada a ninguna entidad al templo sagrado interior que es el cuerpo físico.

Estos estados duran en el tiempo de esta dimensión minutos, cuando en la dimensión onírica se sienten largos. La duración de estos episodios suele ser variable de entre veinte segundos hasta dos minutos. Pasado ese tiempo, la parálisis remite espontáneamente y sin consecuencias. Hablar de un período de duración más largo que el tiempo real. La primera vez a esta edad, que ella se dio cuenta de que tenía experiencias durante el sueño diferentes a otras personas, fue cuando una prima cercana murió en sus brazos, tenían ambas diecinueve años y más adelante en sus sueños o experiencias tuvo encuentros con ella donde le mostraba algo importante, que en ese momento y edad no pudo descifrar.

Lo que ocurrió una noche, fue que mientras dormía con una amiga cercana, en medio de la noche despertó y la energía de su prima que recién había muerto se había metido en el cuerpo de su amiga, cuando la llamó por haber notado la presencia, la vio en los ojos de la otra persona, obviamente en ese instante de despertar, se marchó.

La persona que se encuentra bajo esta parálisis, está **cognitivamente despierta** pero experimenta una **sensación de paralización** de, prácticamente, toda la musculatura voluntaria excepto los ojos y el diafragma respiratorio.

También es característica la paralización de la laringe, lo cual imposibilita el habla de la persona mientras se produce este trastorno del sueño. Quiere gritar o hablar y no puede.

Yo solo lo experimenté cuando mi papá murió al no haber estado en su funeral, a mi regreso a Colombia, tuve un encuentro en sueños y bajo forma astral para despedirme de él, y cuando vino en forma de energía muy cerca de donde era el espaldar de la cama, comencé a gritar, sin que me saliese sonido, solo por haberme asustado con su energía allí. Fue algo pasajero que nunca más volvió a suceder.

Uno de los síntomas que frecuentemente acompaña a la parálisis del sueño son las **alucinaciones hipnagógicas** (alucinaciones auditivas, visuales y/o táctiles). Las más comunes son las de tipo sensitivo (cenestésicas) y visuales, mientras que las auditivas son las más infrecuentes. De todas maneras ella reconoce muchas energías bajo diferentes formas, en diversos períodos de su vida, cuando ha estado baja, incluyendo de joven cuando perteneció a una secta de adoctrinamiento cristiano, allí fue donde más intensas se volvieron las experiencias, hasta que dejó este tipo de personas.

Qué es recapitular

El siguiente ejercicio, lo he sacado de lo que Don Juan, el personaje de los libros de Carlos Castaneda, quien recomendaba a sus discípulos, al querer recobrar la energía que se extrae en juegos de relaciones, e integrarse devolviendo lo que se le quitó al otro y recobrando la propia. En la antigüedad se hacía como un procedimiento formal, donde los practicantes recordaban a cada persona que conocían y cada experiencia en la que participaron en sus relaciones.

Se hace una lista, que va del presente hacia el pasado, y se recrea en la memoria la última interacción con determinada persona. Se presta atención especial a cualquier configuración física que sea relevante. Por ejemplo, si la interacción ocurrió en una oficina, uno debe recordar el piso, las puertas, las paredes, los cuadros, las ventanas, los escritorios, los objetos encima de los escritorios, todo aquello que quizá uno vio de un vistazo y luego olvidó por completo. La recapitulación debe iniciarse con el recuento de los eventos más recientes.

Para recapitular el evento en sí, se requiere que uno respire profundamente abanicando la cabeza, por así decirlo, de derecha a izquierda y de izquierda a derecha, tantas veces como sea necesario, mientras uno recuerda todos los detalles accesibles. Los chamanes se refieren a esto, como el acto de inhalar todos los sentimientos que uno sintió en el evento que está recordando, y exhalar todos los estados de ánimo y los sentimientos indeseables que se quedaron en uno. Los chamanes creen que el misterio de la recapitulación reside en el acto de inhalar y exhalar.

La lógica es, que recordar los eventos que ocurrieron más recientemente prepara el camino para recordar eventos más distantes en el tiempo con la misma claridad e inmediatez.

Los chamanes consideran que hacer un recuento como éste, es como volver a vivir las experiencias que ya se han vivido, y que uno puede sustraer de este recuento una fuerza extraordinaria, un ímpetu excepcional que agita y regresa, nuevamente, a nuestros centros de acción, la energía que se ha dispersado fuera de ellos, la cual está acumulada en la periferia de la esfera luminosa que somos. Dicen que esta redistribución de energía, resultado de la recapitulación, nos permite ganar fluidez

Los chamanes afirman que un verdadero cambio de comportamiento sólo puede lograrse a través de la recapitulación, como único vehículo que puede acrecentar la conciencia al liberarla de las exigencias silenciosas de la socialización; algo que es tan automático que no puede examinarse, sólo puede observarse. Acabar la lista de gente toma un largo tiempo, ya que está íntimamente relacionada con los eventos.

Algunas veces, por simple ósmosis, hay personas que se relacionan con eventos impersonales en los que ninguna persona participó, pero que ocurrieron alrededor del tiempo en que uno conoció al individuo que está recapitulando. Este ejercicio aplicado a no solamente relaciones, sino casas, donde se ha quedado energía atrapada, lugares visitados, es una parte de lo que se hace después de morir acompañando este ejercicio con la retrospección diaria.

Los chacras

Desde mi experiencia de los sueños, los cuerpos desde donde salimos o nos movemos, durante la noche, el equilibrio de los chacras juega un papel fundamental en tener sueños armónicos y lúcidos. Por ejemplo una persona que es violenta, que toma alcohol en exceso, que tiene una vida sexual desorganizada tiene en des-armonía el chacra de la raíz y el segundo chacra, una persona que tiene muchas problemáticas de la infancia que aún no ha resuelto durante su madurez, o que tiene carencias de diversas clases tendrá su chacra umbilical o el tercer chacra en desarmonía, es básico tener resueltas situaciones de supervivencia, emocionales y de la energía vital relacionados con estos tres chacras. Mientras más enraizada esté una persona, también es más posible que su consciencia despierta sea más coherente con no tener experiencias desde mundos sutiles, que a menudo en personas que viven mucho desde los chacras superiores también se vuelven inoperantes en la vida cotidiana.

El equilibrio es fundamental en cada chacra, ya que cada uno tiene una función con órganos cercanos, glándulas y en especial con poder establecer un balance de todos los cuerpos. Ya que durante la noche salimos en los cuerpos sutiles, el cuerpo físico estará descansando y de esta manera al regresar al cuerpo se recordará más fácil la experiencia que se haya tenido en el viaje onírico.

Para mi la mejor protección la cual realizo hace treinta y cinco años diariamente es trabajar con el espectro de luz de los rayos del arco iris: lo hago desde las propiedades de cada color y lo combino con los chacras, dependiendo el tipo de actividad, lugar, experiencia y circunstancias. También de acuerdo a si estoy haciendo sanación en meditación con un grupo de personas o si estoy meditando sola, o simplemente si voy caminando a cualquier lugar. Esta luz, es amor incondicional, emanado de la fuente divina.

Mi ejercicio matutino es irradiar desde el corazón desde mi presencia. Yo soy en mí, el rayo de luz rosa, el cual sale desde mi chacra del corazón, lo llevo fuera de mi cuerpo físico y de mis cuerpos sutiles rodeando mi aura, va expandiéndose fuera en mi cuarto, mi casa, mi pueblo, mi ciudad, el país donde me encuentre, el continente, todos los continentes.

Por vivir entre Colombia e Inglaterra, visualizo mi ciudad natal, mi familia, mi país, todas las personas y la naturaleza y de esta manera cubro con esta luz, todo. Sigo con el rayo azul que lo emano desde mi desde mi garganta, es luz de verdad, protección, manifestación, hago lo mismo que lo que hice con el rayo rosa, seguidamente termino ejercicio con rayo dorado, el cual lo emano desde mi tercer ojo o a veces desde la coronilla y lo uno a un chacra que hay por encima de la cabeza a diez centímetros, unificando la luz. Este rayo trabaja siempre en la transformación celular, renovación, brillo solar de los cuerpos y el alma.

En otros momentos y dependiendo intención uso el rayo verde, o el blanco, o el violeta, o el naranja. Cuando viajo por ejemplo a otros lugares, me aseguro de invocar a ángeles guardianes de los lugares a los que llego, saludarlos y viajar acompañada del rayo verde.

El violeta lo uso cuando hay que limpiar energéticamente lugares, personas, ciudades, naturaleza, sobre los rayos y sus propiedades hay mucha información desde la metafísica. Lo complemento desde el arte y desde el acompañamiento antes de irme a dormir, de envolver mis cuerpos en luz.

¿Cómo están relacionados la recapitulación y el ensueño?

La recapitulación o revisión de los eventos de nuestra vida, ya sea que se logre de la forma tradicional al hacer una lista de todos los que has conocido y respirar cada escena que viviste con ellos, o a través del Teatro del Infinito en donde actúas una escena como sucedió originalmente y luego varias versiones de ella, poniendo tu consciencia, nos conecta con nuestro cuerpo energético y afila nuestra atención de ensueño, como lo hace el ensueño.

Por ejemplo, la recapitulación tradicional, el acto de sostener una escena o los objetos de una escena hasta que recuperemos la energía que está ahí, es parecida a la práctica de ensueño de sostener un lugar o lo que sea que se esté mirando en el sueño. Y en el Teatro del Infinito, el actuar diferentes versiones de la versión original de la escena, de acuerdo a la información que nos da nuestro cuerpo energético, es como si estuviéramos ensoñando, conectándonos con nuestro cuerpo energético y cambiando y moviéndonos a través de las diferentes capas del sueño. Como resultado de la conexión entre la recapitulación y el ensueño, pueden ocurrir una o varias cosas: nuestro ensueño se detiene al comenzar seriamente a recapitular, simplemente porque todavía no tenemos suficiente atención de ensueño acumulada dentro de nosotros para hacer ambas, o nuestro ensueño se detiene tan pronto como paramos de recapitular porque la conexión con nuestro cuerpo energético necesaria para ensoñar, se interrumpe al dejar de recapitular.

8
DÍAS ÓPTIMOS PARA SOÑAR, CICLOS

Recorrido de la luna durante el mes: días óptimos de conexión. Sueños de luna llena frente a sueños de luna nueva. Los sueños y su tiempo en manifestarse. La pareja interior: ánimus ánima. La boda alquímica. Sueños de transferencia del masculino interior.

Recorrido de la luna

La luna es una luminaria importante en la conexión con el femenino primeramente en la mujer a través de su ciclo y en los hombres a través de cultivar su voz interna o incrementar su lado intuitivo.

Una forma sencilla de conectar es a través del seguimiento de las fases lunares durante el mes: luna llena, menguante, nueva y creciente. Al igual seguir viaje de la luna durante el mes; tener un calendario donde estén los signos zodiacales por donde va pasando. Ella mes a mes recorre de Aries a Piscis con una estancia de dos a tres días en cada signo y toma las características generales del significado de cada signo y su elemento correspondiente: fuego-tierra-agua-aire.

Y para aquellos quienes conocen en su carta natal donde se encuentra la luna en su carta, de esta manera se potencian aún más características relacionadas con la fase donde se encuentra. Ejemplo: si yo tengo mi luna en Libra, es una luna relacionada con el arte, la diplomacia, buscar armonía emocional, al estar la luna mes a mes en diferentes fases: Noviembre 15-16 y 17 del 2017 estará en libra son días que resuenan la vibración de mi propia luna y la hacen propicia por estar período anterior a luna nueva a mirar hacia adentro en el balance en la sombra.

El seguimiento de la luna en cada signo está también relacionado con la energía de cada planeta regente y en especial Neptuno que rige a Piscis será un día muy bueno para sueños, o cuando la luna está en cáncer, o si está en Escorpión que es otro signo del agua y relacionado con procesos de transformación.

Si la luna está por ejemplo en los signos de aire también hablará de comunicación de las emociones y lo relacionado con el signo y la fase dirán algo: si está en Géminis será Mercurio el que rige este signo, rapidez, facilidad de comunicar temáticas, o si está en Libra regida por Venus, pueden ser sueños donde la expresión del amor o de la belleza se manifiesten.

Es una forma adicional a otras a estados de consciencia que mejoren nuestra relación e interpretación de nuestro mundo onírico: el siguiente es el sueño de una amiga que vive en el campo y me contó este sueño que tuvo en la pasada luna en Piscis.

Cubrir la cabeza: «soñó con una mujer sabia que le explicó cosas importantes sobre su alimentación y salud y usaba un turbante en la cabeza y dentro del sueño recordó que su abuela le decía siempre que había que cubrir la cabeza para dormir y para los fríos».

Cuando me lo contó recordé la importancia también de usar sombrero durante la noche y en especial en clima frío. (Relación con el chacra de la coronilla y la glándula pineal).

Recorrido de la luna durante el mes: días óptimos de conexión. Sueños de luna llena frente a sueños de luna nueva

La luna rige el ciclo menstrual de la mujer y tiene un significado diferente para todos aquellos que siguen esta forma de contar el tiempo regido por cada fase.

Sueños de luna llena: al estar toda la energía en pleno tienen un significado diferente a cualquier otra fase del ciclo, siempre recomiendo comenzar a anotar los sueños en luna nueva o llena y verificar mes a mes en el calendario de veintiocho a veintinueve días, donde el día primero depende de la fase llena o nueva escogida.

Sueños de luna nueva: como en la agricultura están más relacionados con cortes y procesos que se terminan, tres días antes de la luna nueva es un tiempo ideal para reconocer sueños que traen mensajes desde nuestra sombra o parte oscura con la cual estemos trabajando.

Sueño de una prima cercana: «Ellos llegaban a un nuevo lugar estaban mirando casas, allí llegué yo con una bebé de tres años medio calva, ella la describió, calva como tu papá y muy delgada, tenía una hermosa cara».

En el momento de este sueño, sentí que estaría viviendo y comprando una casa en otro lugar en tres años y sería mi nuevo proyecto, mi papá quien esta fallecido hace seis años, era quien me enviaba el mensaje. Al ser en esta lunación de luna nueva, la vi como mi nuevo comienzo.

En esta misma fecha de la luna en un día diferente, «soñé con mamá quien preparaba maleta de viaje al otro lado en alegría. Dentro del sueño vi unas camisas de ella con flores pequeñas de colores. Yo estaba cerca».

En luna nueva tuve también un sueño de aviso de una amiga que murió tres días después de papá a sus cincuenta años. «Estábamos juntas en un lugar con mi esposo y había dejado mi bolso en el segundo piso. Después encontré otro bolso que tenía y al final de mi encuentro con ella tenía tres bolsos. Luego afuera de este lugar le quitaba al carro de mi esposo algo que estaba quebrado, era la cobertura de encima.

Cuando logré acomodarla, pudo salir, dejó rodar el carro y le dije:

—Eres un irresponsable, venía otro carro y en ese momento pensé que se chocaría.

En ese momento se abrió un camino y cayó en el agua, el carro flotó. Solo pensé: "esperemos que funcione". Luego de esto me volví a encontrar con Lucero mi amiga. Estaba allí mi esposo pero cada uno en su lugar, yo hacía mis cosas.

Entré a conocer un lugar que era como un spa y se enseñaba arte a los niños, eran como cinco mesas y cuando entré allí sentí que eso era lo que quería hacer, enseñar a niños arte y arte manual. Salí rápidamente de allí y fui a buscarlo a él. Estábamos todos listos».

Los sueños y su tiempo de manifestarse

Hay diferentes tiempos para que los sueños se comprendan en su totalidad, a veces tardan años, en especial en mensajes de cambio de residencia, de encuentro de personas claves en nuestra vida, de eventos o anuncios de muerte, los cuales en mi caso tomaban estos últimos entre tres a cinco años dependiendo de la cercanía de la persona, pero ya en la cercanía del deceso había muchas señales en ellos y también de personas cercanas a mi que conectaban con mi inconsciente. Porque esto es algo que pasa a menudo con personas muy queridas o afines con las cuales nos relacionamos en la cotidianidad…

En otros momentos hay mensajes especiales que coinciden con días de luna llena o luna nueva y que traen un alto contenido sanador o potenciador de alguna situación a resolver. En estos casos, me ayudo con meditación y a menudo con las mismas personas con las cuales hablo o comparto estos temas de resolver nuestra parte oscura, de bajar e investigar en lo más profundo de nosotros, llega el mensaje o inclusive la solución.

Para mi es fundamental estar en esos momentos conmigo misma y alejada de personas ya que en la mañana después de levantarme, o cuando pinto o hago trabajo artístico entro también en estado meditativo y es otra forma de conectar con la respuesta que llega, como un flash instantáneo y fulminante.

Es una claridad tremenda y siempre he podido dar solución amuchas de mis incógnitas, trabajo con el ego, con situaciones del pasado inconclusas o sin resolver llegan en momentos de la vida donde quizás es cuando están aflorando dentro de un período de un año, un mes, una semana.

Me gusta tener siempre mi revolución solar y saber donde tendré herramientas que también me ayuden en la comprensión de esos planetas que están conectados con el psiquismo, con la lentitud o retraso de eventos, con transformación, con brillo, en fin ya individualmente haré un análisis de planetas y casas que tienen una relación cercana a la activación de la información que llega mientras tenemos sueños.

La pareja interior: animus-anima

Para quienes no son artistas existe la posibilidad de crear una imagen interior de su pareja donde tanto hombres como mujeres, son portadores de describir un tipo individual que encarne todo lo que buscan en el sexo opuesto.

Estas imágenes interiores tienen una especial fascinación y autonomía expresando contenidos del psiquismo inconsciente los cuales serán proyectados sobre personas reales que de alguna manera sirven como «perchas» adecuadas para lo que se les quiere colgar. Lo que a menudo sucede es la situación típica del hombre que tiene una imagen interior y una interpretación de la mujer claramente definidas la cual, aunque es con frecuencia inconsciente la proyecta continuamente sobre las mujeres a quienes conoce; cuando se enamora, cree haber encontrado esa mujer perfecta, y cuando la proyección se desgasta un poco, y por los agujeros empieza a asomar la mujer real, se ve obligado a reconocer que hay que hacer ajustes adentro.

Es probable que con frecuencia reaccione sintiéndose gravemente decepcionado, como si lo hubieran engañado o estafado; y en ese caso no llega a darse cuenta de que lo ha decepcionado su propia proyección. Para muchas personas, después de la luna de miel, acusan a su pareja de haber cambiado, cuando lo que en realidad ha cambiado no es el compañero o compañera, sino la proyección.

La imagen, después de todo, pertenece a su propia psique.

Al encontrarnos en un cambio de polaridad planetaria donde el polo masculino se trasladó a la India y el femenino a Sudamérica, trae grandes cambios de información que ya deja de ser válida y que con el paso del tiempo ayudará a través de nuevas formas de relaciones desde el masculino y femenino interior se verán plasmados en el afuera.

El elemento femenino se expresa a través del arte: la forma, el color, la música, los poemas, movimientos y danza. El arte es una manera de armonizar, estos dos aspectos, del femenino y masculino interior.

Dentro de cada hombre hay una mujer, y dentro de cada mujer, un hombre; y esta verdad básica no es solamente biológica sino también psicológica. Jung ha denominado animus y anima a estas imágenes tran-sexuales inconscientes y la astrología infiere la misma interrelación de lo masculino y lo femenino en el interior del individuo, de la presencia de planetas y de signos femeninos y masculinos en la carta natal de éste.

Pero vivir y expresar la dualidad sexual de manera creativa y constructiva, sin ejercer violencia ni sobre la propia herencia psicológica ni sobre el propio inconsciente, es cosa que exige un esfuerzo considerable. El anima o el animus son dos de las figuras más misteriosas que explora la psicología analítica; aunque los términos de Jung sean muy descriptivos: anima, el femenino, significa alma y animus, el masculino, significa viento, aliento o espíritu.

La mitología, los cuentos, los temas religiosos de todas las culturas, son otra forma de expresión. La mujer es capaz de reconocer los atributos del animus, y de distinguir de él su conciencia femenina, así puede trabajar en cooperación con el aspecto transexual inconsciente de su propia naturaleza; es una forma de empezar a liberarse del hábito común de proyectarlo sobre un hombre de carne y hueso; cuando se tiene resuelta la pareja interior se resuelven más fácil las situaciones que a veces se presentan complicadas con una pareja externa; por consiguiente, se estará en situación de relacionarse de manera más significativa con los valores masculinos de su pareja, en vez de quedarse azorada ante ellos y ante él;

enriqueciendo asimismo la conciencia, no sólo de su propia condición de mujer, sino también del potencial creativo de su mente y de su espíritu.

La psicología de la mujer tiene sus raíces en el instinto y en la respuesta instintiva al fluir de la vida. El gran don del animus conscientemente desarrollado es el don del significado, que permite a la mujer reflexionar, discriminar y descubrir el significado de su propia vida y de sus acciones. Así como cada mujer contiene dentro de sí esta energía masculina, cada hombre contiene en su interior un aspecto femenino. El hombre tiene cierta comprensión del anima, y que reconoce su autonomía, puede empezar a cooperar con ese aspecto femenino inconsciente que lleva en sí mismo; y al hacerlo, será mucho más capaz de percibir la identidad de su compañera y, por ende, de permitirle que sea quien es.

Alcanzará también una mayor aceptación de su propia condición masculina en la medida en que tome conciencia de la fuente oculta y secreta de sus sentimientos y de su capacidad para amar, al tiempo que abre nuevas posibilidades a la expresión de la sensibilidad y la imaginación creadora.

La boda alquímica

Después de escuchar muchas parejas cuando atendía pacientes, y como siempre, tengo tantas parejas a mi alrededor y he seguido de cerca muchas de estas historias de amor o desamor dentro de las relaciones, siento que este siglo XXI no es de encuentros de parejas entre almas gemelas. Al contrario son encuentros dados para emparejar diferencias dentro de un marco de acompañamiento en lo cotidiano.

La realidad es que los encuentros actuales obedecen más a depuración y a mejorar lo que sería la vida en pareja, para pasar a otro nivel superior luego de encuentros muy especiales entre almas muy afines.

Creo que es una utopía el encontrar la pareja ideal, ya que estamos llenos de idealismo sobre el otro cuando por dentro estamos integrando nuestros propios aspectos femenino y masculino interior, yo recuerdo que llegué a dictar talleres donde creábamos la pareja interior y hacíamos un matrimonio de ellos adentro, lo realicé y creo que vivo contenta con mi pareja interior. Lo que facilita que acepte a la pareja afuera, resolviendo aspectos de ambos desde adentro.

Sueño:

«Íbamos un grupo de personas, casi todas mujeres, encontramos en un puerto hombres muy transformados. Yo me encontraba con una amiga en una embarcación grande y segura a través de un río amplio, en el cual navegábamos suavemente y fluíamos dejándonos llevar y acompañadas entre nosotras. No sentíamos miedo, algunas mujeres se tiraron al agua, al llegar a un lugar, donde nos dimos cuenta de que no había forma de devolvernos. Allí encontramos dos opciones: Ciutadella (ciudad de ella) o Pintada. Aún no decidíamos, pero decidimos seguir fluyendo y dejándonos llevar. En el próximo paso había una corriente favorable donde no había peligro, más bien un impulso favorable».

El sueño estaba conectado con lo que estaba sucediendo a nivel de la polaridad femenina y de la opción de fluir y aprovechar el impulso.

Este sueño estaba acompañado de muchas mujeres en muchas partes del planeta trabajando en la integración de su pareja interior y de muchos hombres sanando su femenino adentro y afuera. Existen actualmente muchos grupos de trabajo desde la mujer para sanar estos dos aspectos o polaridades.

Cómo entender los arquetipos femenino y masculino

Como otras figuras arquetípicas, el anima tiene dos rostros, y esto suele plantear un auténtico problema para que el hombre acepte conscientemente su valor, ya que si bien el lado «luminoso», creativo, inspirador y mágico, puede ser digerible para él, con frecuencia el otro, más oscuro y más salvaje, no lo es.

Para un hombre, es posible que la imagen interior sea morena, sensual y lánguida; para otro, puede ser rubia, bulliciosa e inocente. En cuanto encarnación de algo colectivo, el anima está además profundamente teñida por la experiencia que cada hombre individual ha tenido de las mujeres, y en particular de su madre. Es decir, que en tanto que la esencia de lo femenino sigue siendo la misma, la imagen interior es diferente para los diferentes hombres. Las cualidades físicas de la imagen son simbólicas, y constituyen la encarnación de cualidades interiores que son muchos más difíciles de expresar.

Las mujeres tienden inconscientemente a identificarse con uno de estos cuatro aspectos básicos del principio femenino, o a encarnarlo. Son las denominadas las madres, las hetairas, las amazonas y las médium.

Generalmente, uno de estos rostros de anima y lo atrae hacia ese tipo de mujer, que se convierte para él en representativo de lo femenino.

La madre es una figura llena de cualidades protectoras, una figura que brinda atención y mimos. Su rostro luminoso es el del hogar y la seguridad, el del perdón y el consuelo; es la encarnación de toda compasión y de toda sabiduría instintiva.

Su rostro oscuro es el de la que posee, devora y destruye, la matriz sombría que aleja al hombre de la vida, adentrándolo en la muerte. El hombre que se tiene, él mismo, encadenado a esta imagen, que no puede entender las múltiples facetas de lo femenino, sino que está esclavizado únicamente a ésta, terminará generalmente sintiéndose atraído por mujeres que afectiva-mente pueden desempeñar con él el papel de madre; y se debatirá por lo común contra la dependencia, el desvalimiento y la parálisis que, llevada al extremo, entraña una relación así.

La hetaira es una figura que, en las antiguas culturas, llamaban cortesanas. Como símbolos adecuados de esta imagen del anima son: mujeres intelectualmente dotadas, cultas, poseedoras de sentido estético, dedicadas a los aspectos personales del amor y del cortejo, inestables, caprichosas, promiscuas y con algo de mariposas. El lado luminoso de esta imagen es, el del sentimiento refinado abrazando la cultura y el amor por lo bello. El lado oscuro es frío, despiadado, impredecible, engañoso y versátil, incapaz de mantener jamás la lealtad en una relación. A un hombre subyugado por la imagen de la hetaira, puede sentir que es una mariposa deslumbrante, portadora de belleza, luz y colorido, pero cambiante como el viento, incapaz de ofrecer seguridad o arraigo.

La amazona: nombre tomado del de las guerreras de la mitología griega que adoraban a la diosa virgen, es una figura telúrica fuerte y capaz, eficiente y práctica, que no recatea su apoyo y rebosa terrenal sabiduría. Su faz luminosa es la capacidad de hacer frente a la realidad, de tratar con el mundo material y sus complejidades, de ofrecer seguridad y estabilidad. La cara sombría es dominante, manipuladora, enérgica, limitadora, rígida, dogmática y esclava de la tradición y la ley. Es probable que el hombre a quien el anima esclaviza en su función de amazona, busque relaciones en las que su vida sea manejada y organizada con eficiencia por la mujer, dejándolo a él en libertad de correr en pos de su visión creadora. Si se le percibe negativamente, esta imagen puede manifestarse, como un moderado aprisionamiento en una perpetua condición de niño, que permite al hombre no hacer nada por sí mismo.

La antítesis de la amazona es la médium, vidente y visionaria, la profetisa que puede desentrañar los secretos del universo, que está en comunión con los dioses y cuyos dones son la espontaneidad, el júbilo, el éxtasis y el abandonarse al fluir del momento.

Su dimensión iluminada la da el rostro de la intuitiva y la inspiradora, el cáliz del espíritu creativo; la faz oscura se muestra en ella como histeria, locura, caos, entrega frenética a las fuerzas de lo colectivo y a las potencias de la visión desbordada y el deliro.

El hombre a quien el anima somete en su condición de médium puede encontrarse con que ha hallado una musa, alguien que en su vida es capaz de constituirse en catalizadora de la expresión de la creatividad y el significado. Pero también puede encontrarse con que lo han sacrificado en el altar del caos, con que su voluntad y su personalidad y su necesidad de lograr en el mundo algo de valor, se están desintegrando en un torbellino de fantasmagorías o en un mundo onírico que termina induciéndolo a creer que se ha convertido en el héroe sin haber cumplido la hazaña.

Las cualidades que se encarnan en estas cuatro figuras son aspectos de la psique inconsciente del hombre como tal.

Uno de los tributos del anima es la terrenalidad; simbólicamente, la mujer es tierra, materia, y de ahí que muchos hombres la consideran inconscientemente como responsable del cuidado, la atención y el ordenamiento de la vida material de ellos. Otro componente del anima es el sentimiento, y por eso se hace a la mujer responsable de crear la atmósfera hogareña de amor y dedicación, y de infundir en ella las cualidades de compasión, ternura, sensibilidad y afecto.

Estas cualidades son, ciertamente, aspectos del principio femenino: ya sea en un hombre o en una mujer. El aspecto femenino es receptivo, sigue, seduce y hace adornos mientras danza.

Whitmont sugiere que el animus, como el anima, puede asumir una de las cuatro formas básicas siguientes: cada una es una encarnación del principio masculino, y él las llama el padre, el *puer a Aeternus* (en eterno joven), el héroe y el sabio. Así como los hombres pueden identificarse inconscientemente con una de estas cuatro figuras como símbolo de su forma particular de expresión masculina, también las mujeres se apegarán generalmente a una u otra de ellas en cuanto representa el rostro más consciente del animus.

El padre es una figura que apoya, abriga y cuida; porque es hombre, encarna el orden social jerárquico, la costumbre, la tradición, la santidad del pasado y los valores de la familia. Su rostro luminoso es, el de un protector que refuerza y tranquiliza, y a una mujer le ofrece un sentimiento de seguridad en el vasto mundo donde vive; su rostro oscuro sofoca y aplasta su crecimiento, porque la mantiene confinada en el estrecho marco de una niñita a quien se le niega el derecho de descubrir sus propios valores. Una mujer esclavizada por semejante figura del animus se encontrará con frecuencia en relación con un hombre que juega al padre con ella, la protege y la cuida, la patrocina y espera que en cambio ella obedezca su palabra como si fuera ley, con lo que la aprisiona en una niñez constante.

El *puer* es la antítesis del padre y, lo mismo que la hetaira, su contraparte femenina; es vacío, inconstante, afectado, juvenil, brillante e incapaz de lealtad y de permanencia cuando establece una relación.

«Tanto el hijo (*puer*) como el hetaira son tipos cuya característica es amar y abandonar; pero la hetaira está motivada por Eros y pone mayor énfasis en amar, en tanto que el *puer* lo pone en abandonar». La faz luminosa del *puer* es como el mercurio; simboliza el juego rutilante, cambiante, móvil como una mariposa, de la mente diferenciada, y es como un espíritu del viento, que trae consigo el cambio y la euforia del vuelo. Su faz oscura es fría y cruel, endurecida y falta de sentimiento, propensa a la crítica destructiva y a la palabra que destila ponzoña. Es probable que una mujer ligada a esta forma del animus se encadene precisamente a un hombre así: atractivo, irresponsable, infantil, deslumbrante, y mucho más hábil para escurrirse y abandonar la relación que para mantenerla.

El héroe es un guerrero, una criatura de la tierra, y como su contraparte femenina, la amazona; se esfuerza por combatir y ganar en el mundo objetivo. Puede convertirse en el hombre de negocios a quien acompaña el éxito, en la persona influyente, el político dotado de carisma, ser militar o estadista; su rostro luminoso ofrece empuje, capacidad de hacerse valer, coraje, sentido común, tenacidad, aguante y una poderosa voluntad.

El aspecto oscuro lo dan su sensualidad y materialismo, que lo hacen insensible, brutal, dominante, posesivo y destructivo frente a todos los dones curativos y las cosas del espíritu. Una mujer esclavizada por esta figura del animus, si es incapaz de expresar o de reconocer ninguna otra faceta, puede encontrarse enredada con un hombre cuya principal consideración en la vida sea su propia posición, y depositar en él sus proyecciones; y él, en su búsqueda de poder y de logros materiales, la arrastrará consigo (o, mejor dicho, ella se dejará arrastrar, movida por la influencia del animus), porque todas las cosas, incluso la relación, deben ser sacrificadas a su conquista.

En contraste, el sabio, antítesis del héroe y correspondiente a la figura de la médium, es un símbolo de creatividad, sabiduría, visión, penetración espiritual y acercamiento a la mente de Dios. Su aspecto luminoso es, el del mago, el profeta que despliega los misterios del vasto significado de la vida; su faz oscura es el abismo, el poder ardiente, fanático y totalmente impersonal del caos. Una mujer sometida a este tipo de animus puede llegar a vincularse con un hombre que actúe con ella como gurú y guía espiritual, como fuente de sabiduría y profeta visionario; puede esperar que sea él quien viva su propia creatividad inexpresada y consagrar su vida al servicio de las necesidades terrenales de él, para permitirle que lleve adelante su noble visión. Y es probable que no llegue jamás a darse cuenta de que ella misma posee una visión y una sabiduría que le son propias. Se podría citar, como ejemplo negativo de esta forma del animus, el poder interior inconsciente que llegó a hipnotizar a las mujeres seguidoras de Charles Manson hasta el punto de hacerles ver en él las cualidades de un mesías.

Lo semejante, siempre atrae a lo semejante: mejor que enfadarse con el compañero sería que se decidiese uno a mirar, larga y atentamente, su propia hechura psíquica. Cuando se da una vez una relación desastrosa, podemos engañarnos creyendo que es casualidad; cuando ocurre dos veces, se ha convertido ya en una pauta, y una pauta es una indicación inconfundible de que el anima o el animus está operando en el inconsciente, empujando al yo, desvalido e impotente, a meterse en relaciones o situaciones incomprensibles, dolorosas y alarmantemente repetitivas.

Como la sombra, el anima y el animus son arquetipos, es posible tomar las cuatro imágenes del anima y el animus y sugerir que tienen alguna relación con los cuatro elementos, aunque en esto haya que tener cuidado de no ser demasiado literal. La madre, como figura del anima, es una criatura de agua, y es la imagen que con más frecuencia acosa al hombre regido por el aire y orientado hacia el pensamiento. La hetaira, criatura de aire, suele ser la imagen femenina inconsciente del hombre a quien rige el agua y orienta el sentimiento.

La amazona, criatura de la tierra, puede ser la que domine las fantasías del intuitivo y la médium, encarnación del fuego intuitivo, es la musa típica del hombre orientado a la sensación vinculado con la tierra.

De la misma manera, el padre, que es de agua, pertenece a la mujer de aire; el *puer*, de aire, pertenece al tipo de mujer maternal, de agua; el héroe, que es terreno, pertenece a la mujer intuitiva, y el sabio, que es de fuego, a la mujer sensorial y laboriosa. También éstas son simplificaciones extremas que, sin embargo, han de dar, en alguna medida, pie para la reflexión y la investigación individual.

Sueños de transferencia del masculino

Existen algunos obstáculos para la comprensión de esas parejas interiores con quienes estamos casados para toda la vida es que estamos sometidos a las definiciones sociales de lo que es masculinidad y femineidad, en virtud de las cuales se hace más difícil, tanto que para el anima como para el animus, encontrar lugar para una expresión más constructiva. Para muchas personas, la definición de masculinidad y feminidad está dada más bien por un conjunto de acciones o de pautas de comportamiento que por las energías arquetípicas que traspasan y penetran la totalidad de la vida. De acuerdo con esta visión limitada y bidimensional, hombre es alguien que tiene éxito y es agresivo y dominante, en tanto que mujer es alguien domesticado, pasivo y sometido. Estos significados ya no son vigentes desde hace unos años para acá.

Esta ya es una visión obsoleta porque actualmente dentro de las nuevas tendencias del género, donde cada vez el patriarcado y la herencia violenta que conlleva en muchas culturas, por no decir en la mayoría, está transformándose.

De acuerdo a Raewyn Connell hay una forma de catalogar las actuales categorías del masculino y las respuestas del femenino ante cada categoría.

1982 fue un año donde se comenzó a explorar en la hegemonía del masculino y sus cuatro jerarquías: masculinos patriarcales, masculinos domésticos quienes usan los beneficios siendo más flexibles, masculinos no convencionales (acá están considerados los que tienen orientación más femenina interior), hombres con un femenino muy desarrollado: intuición, conexión, comprensión y actitudes gentiles y en la última jerarquía ella agrupa los hombres que culturalmente están afectados o tienen orientaciones producto de cultura o religión.

De acuerdo a la anterior se pueden catalogar las mujeres desde la misma perspectiva de acuerdo a si buscan relacionarse desde las carencias interiores o de valoración, con hombres que siguen las cuatro anteriores categorías.

Obedeciendo a imágenes de liderazgo, ropa u orientaciones simbólicos de éxito dentro de una sociedad consumista, o si responden ante el segundo grupo de una manera de complicidad, el tercer grupo es algo más diluido y más fácil de relacionar debido al aumento en los niveles de comprensión, es posible que en las mujeres del último nivel no exista tanta libertad ya que se depende de códigos religiosos y culturales.

La integración de la sombra, o la realización del inconsciente personal, marca la primera etapa del proceso analítico, y sin ella es imposible un reconocimiento del anima y del animus. De la sombra sólo cabe tomar conciencia mediante una relación de pareja, y del anima y el animus solamente mediante una relación con una pareja del sexo opuesto, porque sólo en una relación así llegan a ser operativas sus proyecciones.

Otro factor a considerar es el encuentro entre personas con ciclos sin terminar de otras vidas y el sentimiento de familiaridad se ha explicado con frecuencia apelando a la reencarnación, sugiriendo que tales relaciones son la continuación de algún encuentro que se inició en otra vida, y del cual se deriva el reconocimiento del ser amado con el fin de terminar ciclos inconclusos.

El argumento no es necesariamente irreconciliable con lo que hemos dicho del anima y el animus, ya que en realidad no conocemos la verdadera naturaleza de tales imágenes, ni sabemos de qué raíces primordiales brotan. Pero, con total independencia de la reencarnación, la proyección interviene con toda seguridad en el «amor a primera vista», sin que esto quiera decir que tales proyecciones son dañinas o negativas.

Por el contrario, son un catalizador necesario para la relación, del mismo modo que la relación es un catalizador necesario para tomar conciencia de sí; la búsqueda de la pareja interior es la responsable de que nos arrojemos en brazos de la vida.

Aunque las busquemos fuera de nosotros, esas parejas internas viven en nuestro interior, y nos impulsan a tener precisamente aquellas experiencias que se oponen a nuestros deseos conscientes. En las figuras del animus y el ánima subyace el más profundo de los misterios, y sólo por mediación de ellas puede uno ver realmente cómo las relaciones son una senda de desarrollo interior, y la encarnación viviente de un viaje hacia el centro más profundo de nuestro propio ser.

Sueños con hermanos: transferencia de masculino

«Diego, mi hermano, me había prestado su carro para hacer una vuelta, había que lavarlo, era un Renault 99 amarillo, similar a uno que tuve en Bucaramanga hacía años, pero en el sueño era de mi hermano.

Lo lavé en un parqueadero en el centro y mientras fui a saludar a Gloria J, una amiga muy cercana, que trabajaba en parqueadero, me dijeron que allí no se podía guardar de día y para mi sorpresa cuando salí se lo habían llevado.

Fui a ver a los dueños del parqueadero quienes me dieron una dirección muy complicada, la cual anoté en un papel y me fui a buscarlo. Llegué a la zona donde se encontraba esta dirección, era muy arriba; subí a través de un centro comercial y decidí preguntar a alguien que pasaba por allí, ¿dónde era? Me dijeron que lo buscarían por un teléfono inteligente. Se fueron a buscarlo adentro y yo me instalé en un lugar cercano a esperar.

Cuando llegaron resultó ser un conocido mío llamado Diego que tenía un hijo llamado Dieguito. Pensé: «igual al nombre de mi hermano». Me dijo que el niño estaba triste, por algo de una casa que venderían y allí se encontraba el carro.

En esas, llamé a mamá a avisarle que llegaría tarde. Contestó Andrés, le comenté que no podía hablar en ese momento y se encendió una película conocida por mi, pero me tocó apagarla para regresar…». En esas me desperté.

En una etapa de juventud, tuve un carro nuevo cuando dirigí una financiera en otra ciudad diferente a la mía y por estar encargada de montarla desde cero, el carro significaba para mí, una época donde mi parte masculina estaba muy bien posicionada, para mi trabajo y emprendimientos.

Por etapas de la vida mientras estuve en una etapa de viajes con mi pareja muy activa, estuve muy receptiva a que mi esposo que era viajero tomara las riendas y en el momento que quise recuperar mi rol masculino para mi vida, fue cuando apareció la transmisión a nivel interno de recobrar mi masculino. Por los detalles del sueño, había dejado el carro en un parqueadero a través del símbolo, este carro en particular y lo que él representaba y debía encontrar el lugar donde me tocaría ir a recogerlo.

En este sueño sentí que mi papá se llamaba Diego y llegó con mi hermano Diego, entre ambos me estaban entregando un mensaje y mientras yo estaba solucionando algo con el masculino mío a través de ellos. Ya que ellos representaban para mí, hombres con aspectos masculinos muy bien estructurados. Por eso me tocó lavar el carro que era como el que tenía. Nueva carrera, nueva forma de vida o de abordar mis asuntos de nuevo desde ambas polaridades.

9
RUTAS DE VIAJE: RELACIONES

Claves y Relaciones de los mensajes en cuestionamientos de la vida cotidiana. Sueños relacionados con las emociones de otros. Relaciones Kármicas desde los sueños. Sueños compartidos. Sueños de liberación

Me encontraba en un período donde estaba muy dedicada a escribir y a reunir información para terminar diferentes libros y proyectos, de igual manera, tenía aspectos en mi carta natal, donde por los tránsitos de planetas del momento me encontraba muy encerrada en la casa en estas labores y en el arte, pero al mismo tiempo siendo una persona, dedicada a las personas, a los grupos, me encontraba cuestionándome sobre si esto era lo correspondiente, en una pintura me salió exactamente como se sentía mi alma, en algo escogido por mi ya que de verdad no me apetecía salir.

Mi sueño fue el siguiente:

«Me encontraba con un grupo pequeño de amistades muy cercanas y juntas salíamos a lugares diferentes a nuestros hogares.

En uno de esos viajes volamos por el aire, sin avión y llegamos a lo alto de una montaña, la cual parecía en Sudamérica, ya que era alta y al lado pasaba un gran río. Dentro del sueño yo llevaba en mis manos pero arropado hacia la parte del corazón un ave grande, podría decir que era un águila, la cual la llevaba por las patas, y mientras volaba yo con ella, me preguntaba ella "¿por qué no volaba?".

Cuando llegamos a ese lugar la descargué y sentí que desde allí levantaría vuelo.

Cuando me asomé a ver el río tenía mucha corriente y al final o en lo que se veía seguían como unas cascadas, no había ni modo de meterse allí, ya que era correntoso, transparente, pero arriesgado o innecesario.».

En este sueño y luego con una lectura de astrología en una clase, verifiqué que así me sentía, como sin poder volar o sentir que me transportaba con mis propias alas, sentí que no era un momento de aventurar con viajes afuera, sino de volar a través de mi psiquismo.

Sueños compartidos

Sueños mutuos: solía preguntar en el sueño de una amiga muy cercana cuando iba a quedarme en su casa, un mensaje para mí, en sus sueños y ella al mismo tiempo en el mío un mensaje para ella. Al ser muy cercanas nos ayudábamos mutuamente en nuestras vidas y llegué a darle fechas exactas en eventos que ocurrieron más delante de acuerdo al mensaje del sueño.

Igualmente, con las parejas sucede lo mismo, me doy cuenta cuando duermo con mi esposo que en él se activa tremendamente unido al psiquismo mío que está en permanente investigación en este campo, su campo onírico.

Muchas veces él sueña un mensaje de nosotros en su sueño.

Hay algo que dentro de mi relación ha sido sagrado lo cual es tener mi propio cuarto y tener una cama doble con mi esposo para ciertos momentos.

De esta manera ha sido fácil para mi dedicarme a esta investigación, la cual sería imposible con un sueño interrumpido.

He encontrado también que muchas parejas con las que comparto conversaciones de su intimidad no duermen bien y siguen durmiendo juntas, lo cual no es saludable para ambos ya que no descansan en forma.

Aunque ambas personas son conscientes de compartir el sueño no llegan a comunicarse dentro del sueño. En los sueños lúcidos si se puede interactuar.

Sueños sincronizados con emociones de otros

«Me encontraba en una calle conocida cercana a la casa de una amiga en Londres, iba caminando por allí y de repente me la encontré a ella como saliendo de la estación, en el momento del encuentro me di cuenta de que la habían violado y me di cuenta de que era alguien joven. Cuando la miré, ambas supimos lo que había sucedido. En el instante siguiente vi como estaba embarazada ya de algunos meses. Me quedé asombrada de la tranquilidad de ella, inclusive me dijo que ya había comprado vestidos para este estado».

Cuando desperté sentí que a ella alguien la había violado emocionalmente.

Esa misma mañana, mi amiga me llamó y me contó sobre una historia familiar muy complicada que se venía dando desde el año pasado y de la cual sabía todos los hechos e implicados y definitivamente estaba relacionada con ello. En mi grupo de amistades muy cercanas nos ayudamos y nos contamos historias familiares para sanarlas y desde el grupo y la unión del círculo, apoyar. A veces en meditaciones, pero cuando no se puede a través de una llamada.

Aclaro también que las personas que aparecen en este libro con sueños donde no aparecen sus nombres me han autorizado de escribir sus sueños.

Le conté el sueño, y me contestó: «Así me siento». Inclusive me dijo que había tenido el pensamiento; «se me están metiendo por debajo de mis pantalones».

Lo importante fue hablar de la situación y para ella darse cuenta de que ella no estaba alterada por algo que posiblemente en el pasado le hubiese quitado energía, días más tarde volvimos a hablar del sueño para analizar si de repente había algún yo personal involucrado, y definitivamente la situación era bastante clara; y era evidente para ella acerca de las proyecciones y enredos que a veces se forman en las familias debido a situaciones de personas jóvenes, que al no resolver a menudo transfieren su culpabilidad a través de conflictos.

Relaciones kármicas y sueños relacionados

Para algunas personas en este tiempo presente es fácil conectar con familiares y entender cual es la relación actual con determinada persona de la familia y darse cuenta de que se está terminando un ciclo o quedando en paz con esa persona, porque en el pasado no se alcanzó a concluír, o por motivo de muerte quedo en desigualdad de condiciones y a veces se encuentran de nuevo las personas solo para concluír estos ciclos. Por eso es importante en las relaciones aprender a distinguir que algunas de las relaciones cercanas, con padres, hermanos, familia cercana, son del pasado y es importante quedar en paz en esta para no volver a terminar algo que puede ser finalizado actualmente.

En mi familia, fueron claras algunas de las relaciones kármicas entre mis dos hermanos mayores, quienes por un período largo de tiempo, eran incompatibles notorios desde la infancia y juventud y con el paso de los años, una vez ya resuelto el tiempo donde hubo compensaciones de lado y lado, se pudo finalmente tener una relación más profunda y libre.

Entre mis hermanos y mi madre, hubo también evidencias en sueños de qué papel en otra vida habían tenido tanto el primero, como el segundo hijo, siendo ambas relaciones muy diferentes y podría decir que con el hermano mayor era más fácil, pero más ligada a la madre y con el segundo muy difícil desde ambas partes, ya que a veces el sentimiento de lo que se siente del pasado es recíproco. Afortunadamente con el tiempo en especial a través de los sueños llega la información precisa y se entiende el porqué de los sentimientos y de situaciones que hay que sobrepasar en especial desde el amor incondicional, la tolerancia, fuera de ser resueltas desde cortes con el cordón umbilical que aún es fuerte a esa persona, por haber sido esposo, esposa, hijo, hija, para facilitar las relaciones en el presente.

Tengo la información de muchas amigas de cierta edad, cuyos esposos y padres murieron hace cierto número de años y en medio del momento actual donde se resuelven rápidamente ajustes de cuentas pendientes entre familiares, se están dando aún retornos de estas personas dentro de la familia y son evidentemente reconocidas como el papel que tuvieron, pero ahora como nuevos seres en cuerpos de bebé y con quienes se reconoce inmediatamente la afinidad.

En el caso de mi padre, de quien tuvimos siempre la información y el seguimiento a través de los sueños de mi hermano quien tuvo una relación más cercana pero más difícil con él, supimos siempre en los diferentes estadios por los cuales pasó, hasta el punto de darnos cuenta seis años y medio después de su muerte, el momento en el cual volvió a nacer ¿no sabemos qué dimensión del Universo eligió?

El sueño relacionado fue el siguiente:

«Julián estaba en Medellín en las escalas de la casa de mamá, en ese momento había llegado Diego, que le dijo: "Me regalaron unos terrenos en Guatapé, que si quería administrarlos". Julián respondió que sí y le pidió los papeles o escrituras y todo lo de sueño.

Mamá salió a las escaleras y le contestó a Julián: "Acompáñame a la avenida que traen a su papa..." Salieron a la calle y lo traían en ambulancia. No lo entregaron del lado de la avenida sino al otro lado, les tocó pasar al otro lado. Julián decía: ¿dónde está papá?

Lo bajaron de la camilla y se vinieron a la casa para traerlo. Cuando se dieron cuenta era un niño envuelto en pañales, era papá pequeñito». Hay sueños que por tener un período de incubación hay que esperar meses y a veces años para completar significado con la familia, este es uno de ellos.

El siguiente sueño es también del mismo hermano, cuando soñó sobre la relación en esta existencia con mamá y entendió la dificultad para sanarla:

«Hola hermana, acabo de despertarme de un sueño en el que estaba sentado en una silla al lado de una mujer como de la época victoriana, yo era su esposo, tenía mi cabeza blanca con poco cabello pero mis cejas eran pobladas y muy blancas y en mi mano yo empuñaba unos billetes grandes y de color ladrillo. La gente sobaba mi cabeza y decían que yo era un anciano muy lindo yo solo me reía, y sentía que la gente percibía y murmuraba que yo era muy tierno, continué sentado en esa silla y mi metamorfosis cambió, o sea cuando hablo de metamorfosis me refiero a cuerpo, por el lado izquierdo y derecho estaban paradas unas figuras masculinas y femeninas de color negro brillante en su color de piel, los hombres eran de traje negro y las mujeres con vestiduras color blanco. Al rato se acercó por mi costado izquierdo una hermosa mujer de edad madura pero que aun conservaba una gran belleza, se acercó a mi asiento porque yo aún permanecía allí, y me dio un beso en la boca y me mencionó: "me alegro que fueras tú" y reconocí que esa mujer era mi mamá en esta vida actual, y supe que en una anterior ella fue mi esposa y me reconoció o me recordó».

En mi propia historia personal, antes de venir a Inglaterra, tuve varios sueños con algunas de las personas importantes con las cuales debía cerrar ciclos y no solamente tuve sueños que me revelaron exactamente las personas, sino también que al encontrarlas en la vida real, las reconocí de inmediato.

Acá en el pueblo donde vivo, siempre hubo una persona muy cercana bajo la forma de amiga mayor, la cual a veces tenía comportamientos extraños en el sentido de ser consultora de vidas y no tener atino en saber mis necesidades con lo mismo a lo que yo me dedicaba que era ser consultora, de vidas pero a través de la homeopatía.

Gracias al siguiente sueño, siempre tuve que ignorar cuando no era conducida por el lado que era lo ideal para mi: vivíamos en otra existencia, en un monasterio, era un lugar solitario y teníamos cuartos cercanos, pero dentro del sueño había rivalidad, posiblemente del lado del conocimiento.

Al saber con antelación de esto y al encontrarla exactamente el día de mi cumpleaños treinta y cuatro, de inmediato la reconocí como esta persona del pasado. Afortunadamente después de muchas situaciones de un lado y de otro de trabajo interior, superamos esto y actualmente tenemos una excelente relación, la cual hemos sanado.

A veces no recordamos que hemos venido a terminar ciclos con personas y que no necesariamente la otra persona es quien nos hace algo, es que estamos viviendo en carne propia, algo que quizás en un pasado esa persona no recibió de nosotros, hasta que finalmente se termina historia y a veces se termina la amistad o se mejora, a sabiendas que en esta existencia estamos terminar ciclos pendientes de cerrar, definitivamente.

Sueños de liberación

Sueño poderoso de liberación: como sanadora creo que esta fue una de mis tareas más difíciles. Todos tenemos yoes que viven dentro de nosotros y batallan entre si o entre los de otras personas. Por ser una observadora permanente de mi misma sentí que al liberarlo a él (mi pareja de ellos dentro de un sueño), me liberé yo misma en la vida real.

Sueños:

«Un hombre que era guerrero tenía armado su propio juguete gracias a mí (soy su espejo y él el mío). Fue algo estratégico para mi realizar y nunca pensé que lograría que alguien armase algo así, ni yo misma comprendía cómo logró hacerlo (cuestionamiento dentro del sueño).

Me encontraba sola encerrada en un cuarto y me sentía que moría porque llegaron dos hombres, partes del mismo casi enfermos a que yo hiciese algo de ellos y me reclamaron: por qué le había puesto remedios homeopáticos a Michelle (nombre de él Michael). Corregí internamente: ¿Michael? Yo contesté internamente que siempre lo hice porque sabía que le sentarían bien y que no me arrepentía de ello porque sabía que lograría una obra. Había tres partes pequeñas de él que "yo no quería en mi espacio pero muy rebeldes y no se querían ir", por más que las despedía no se iban, cuando ya las tenía en la puerta, él las entraba de nuevo. Yo en algún momento decidí que no las quería allí y que, pertenecían a él, por eso las puse afuera y cerré la puerta, vi cómo cantidades de seres que recogían y ayudaban venían y me asistían. Eran ángeles invisibles, vestidos de negro.

Eran encargados de reciclar, venían y se iban yo sentía sus presencias y me sentía asistida. Yo estaba muy cansada porque todas estas porciones de este hombre, querían que yo las cuidase y yo no quería y me rehusé y le entregué su armadura para que él la hiciese. Lo dejé afuera, armando lo que él sabría (no sé cómo) pero era su parte. Y cuando logré sacar sus dos divisiones y sus pequeñas partes vinieron otros seres y me auxiliaron… Cuando estaba lista abrí la puerta de mi cuarto y vi como él tenía algo muy complejo armado y era su juguete: armadura, se movía en ello y tenía un sistema tan complejo que con todo lo que lo había ayudado no alcanzaba a adivinar cómo logró armarlo y me asombré con felicidad de saber que iba ya en sus hilos que eran al mismo tiempo como notas musicales y tenían su propio ritmo y él se movía en ello como en su propio carrusel: era su propio instrumento.

Él lo mostraba a otros, orgulloso, y yo quedé con una sensación tan extraña; por un lado me di cuenta de que mis esfuerzos se vieron compensados y por otro, volví a lo mío y cuando desperté sentí mis huesos y mi esqueleto y me di cuenta de que había quedado viva de milagro y que había ayudado a alguien había logrado integrar su alma».

Este era mi esposo con su respectivo simbolismo en el inconsciente.

10
VIAJES DE VIDA DE INVESTIGADORES REPRESENTATIVOS

CONECTADOS A LOS SUEÑOS:

Carl Gustav Jung, Marie Louise Von le France, Fritz Pearl, Roberto Assagioli. Culturas que viajan a través de los sueños. Los Senoi y sus prácticas Cultura del yoga de los sueños.

Carl Gustav Jung, entendiendo su arquetipo

A través del descubrir desde la astrología el viaje de Jung, desde su mandala de vida podemos aprender desde sus doce escenarios, de un poco de su propósito biográfico, y el impacto que tuvo en inspirarnos actualmente a seguir investigando las dimensiones del ser, desde nuevos sentidos y comprensiones.

Desde un sol leonino que no solo muestra una personalidad imponente y con mucha confianza y carisma, dejó su legado en el mundo desde sus investigaciones en alquimia, simbología, astrología, sueños, a través de las cuales imprimió una visión de actividades que se usan hoy en todo el mundo para continuar esta exploración.

Carl Gustav Jung nació el 26 de julio de 1875 en Kesswil, Suiza, en el seno de una familia muy religiosa. Fue retraído y solitario al punto de no jugar o comunicarse con sus hermanos o hermanas.

Desde muy temprana edad comenzó a tener sueños muy vívidos llenos de simbolismo, lo que lo llevó a dedicarse en su carrera a estudiar lo onírico. Fue médico psiquiatra y figura clave en la etapa inicial del psicoanálisis: pionero de la psicología profunda, fundó la escuela de Psicología Analítica. Murió el 6 de junio de 1961.

Al estar su casa 7 acompañada de Urano, el planeta que lleva desde su personalidad a la innovación, a traer lo nuevo dentro de el campo de las relaciones, donde se encuentra a los veintiún años con Emma Rauschenbach, mujer bella y culta, hija de un acaudalado industrial y con quien siete años más tarde contraería matrimonio. Desde esta casa 7, también encuentra socios y amistades que lo llevan a conocer personas de esa época, ya investigando en este campo, como lo fue Freud con quien se puso en contacto en 1906 a partir de los estudios de asociaciones de palabras realizados por Jung mientras trabajaba en el Hospital Neuropsiquiátrico Burghölzli de Zurich.

Dichos estudios confirmaban las observaciones que Freud ya había hecho sobre el inconsciente y un año más adelante, se conocieron. Fe una atracción de afinidad investigativa mutua y muy pronto Jung pasó a tener un papel protagónico en el movimiento psicoanalítico.

Llegó a ser elegido el primer presidente de la Asociación Psicoanalítica Internacional y director de la primera revista psicoanalítica. Cuatro años después de conocerse se convirtieron en enemigos. Según Freud y, como sucede en personas donde hay competencia, expresó que Jung deseaba convertirse en el único dueño del tema.

Jung se interesó también por la hipnosis, el I Ching, la astrología y sobre todo por la importancia de lo simbólico, en la vida del hombre, todas manifestaciones de Neptuno., el cual al encontrarse en Tauro en su casa 2, le dieron desde el valor de sus investigaciones, un gran impulso para llegar a grupos de personas a través de los sueños como mensajeros del inconsciente, lo cual desde sus signos de agua y la relación de ella con el psiquismo, le llevaron a estructurar y delimitar desde su vida cotidiana, una comunicación muy conectada a su intuición. Desde la Luna en su casa 6, como indicadora también de su infancia y el mundo emocional familiar, dentro de procesos profundos de transformación, al estar esta luna cerca a Plutón en Tauro, ligada sobre todo a las percepciones y vivencias con los sentidos, la comida, lo material.

A la edad de cuatro años tuvo el siguiente sueño: descendía por un agujero oscuro rectangular que parecía estar cavado en una pradera, al llegar al fondo del hoyo, encontró el arco del cual pendía una cortina verde que parecía cerrarle el paso. Jung movido por la curiosidad, apartó la cortina con el brazo para encontrar al otro lado algo parecido a la cámara real de un palacio, con techo alto y con una alfombra roja que describía un camino hacia un lugar importante.

Al final de la alfombra, presidiendo la estancia, un impresionante trono de gran tamaño, sobre el cual reposaba una figura extraña: un monstruo en forma de árbol, con consistencia de piel humana sin más rostro que un solo ojo, en la parte superior del tronco. La criatura permanecía inmóvil y ni siquiera daba muestras de reaccionar ante su presencia. Jung tenía la sensación de ponerse a reptar por el suelo. En ese momento oyó como su madre gritaba, desde la entrada: ¡míralo, es el comedor de hombres! En ese momento el terror lo hizo despertarse.

Su interpretación de este sueño lo vio basado en el simbolismo fálico del Dios sub-terráneo. Este sueño fue su iniciación en el mundo del misterio, religión y símbolos. En su autobiografía *Recuerdos, sueños y pensamientos* se refiere a su madre como una mujer buena, sociable, agradable y que cocinaba bien.

Al tener un carácter fijo por tener ascendente en Acuario que habla de una personalidad revolucionaria, rebelde, a veces es muy centrado en sí mismo y con Saturno en esta casa de su personalidad, recibe de esta configuración una enorme fuerza de voluntad y determinación, pero también anhelo de poder y un carácter irreverente.

El aspecto Luna-Saturno le trajo carencias en lo económico, al punto que cuando murió su padre a los veinte años, casi tiene que abandonar sus estudios, que afortunadamente, un tío lo financió.

La conjunción de la Luna en Plutón le confirió intensidad emocional, aptitud para actividades de tipo curativas y para la investigación. A lo largo de su carrera professional, Jung insistió con que la verdadera terapia comienza con la investigación de la historia personal o lo que hoy llamaríamos la biografía, la cual es fundamental para uno experimentar lo que enseña acerca de un tema en especial el de las profundidades del universo onírico; y desde esta historia personal, se va a la niñez, a etapas de la vida donde el mundo emocional se haya visto afectado para sacar aquello que se oculta y resolverlo.

Dentro de la biografía, los tres años son claves en la vida de todo ser humano y él, durante esta edad, expresó ausencias de su madre por haber sido internada, lo que le causó sentimientos de inseguridad.

Había un dilema entre su Luna en Tauro y la necescidad de seguridad y el anhelo desde lo uraniano de relaciones libres y sin ataduras. Lo que se reflejó más adelante en las relaciones significativas con diferentes mujeres que representaron estas tendencias internas.

Entre 1914 y hasta 1940, tuvo un affaire extra-matrimonial con su entonces paciente y posterior psicoanalista junguiana Antonia Wolff. Típicamente uraniano, por lo poco convencional, Jung mantuvo el vínculo de manera abierta, a tal punto, de que todos los miembros del círculo de analistas de Zurich estaban al tanto del mismo.

A partir de este vínculo desarrolló su teoría de los tipos psicológicos.

A pesar de las presiones de Antonia, Jung se negó a divorciarse de su esposa Emma, que encarnaba para él la seguridad y estabilidad taurinas. Llegó a considerar a Toni su «segunda esposa», una representación de su propia «anima», o sea de uno de los aspectos femeninos de su psiquismo.

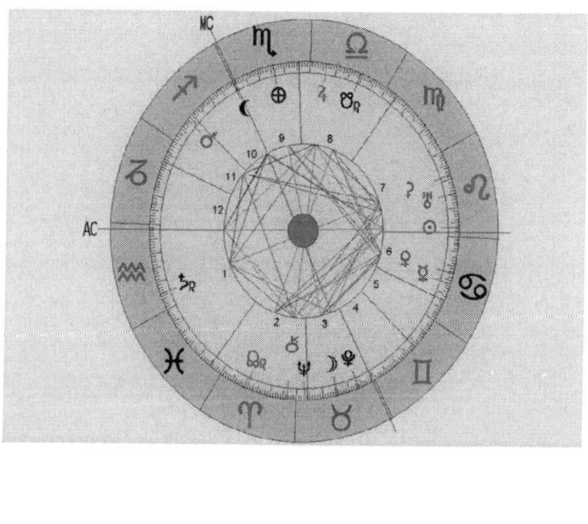

Fue una relación triangular. Fue difícil de romper pero ambas mujeres, llegaron a aceptarlo y lograron crear un espacio amable entre ellas. Gracias a ello, se lograron desarrollar las teorías junguianas acerca del anima y animus.

Acuario en casa 1 o ascendente, indica pensamientos e ideas originales, excentricidad y necesidad de mostrar avances a futuro desde esta visión original y propia.

Acuario está regido por Saturno, que también rige a Capricornio, al igual en la actualidad por Urano. Mostrando a veces antagonismo entre comportarse de una manera conservadora y en otras, como un rebelde rompe-esquemas. En sus propias palabras: «Yo soy uno, pero contrapuesto a mí mismo, soy viejo (Saturno) pero joven (Urano) al mismo tiempo».

Tuvo que sacrificar su independencia intelectual y su valoración por la verdad, tan propia de Urano, motivo que le causó la ruptura con Freud por discrepar en aspectos de su teoría. A veces hay que independizarse de visiones que no permiten avanzar en lo nuevo.

Los aspectos de Saturno, la cuadratura a Plutón: como la cuadratura representa la tensión existente entre dos funciones psíquicas, la persona experimenta conflictos entre las áreas que cada planeta representa porque la conciencia los percibe como irreconciliables.

Saturno es el planeta de las estructuras, y Plutón tiene como función, destruir las formas establecida para permitir un nuevo nacimiento. A menudo el miedo al poder, o a expresarse libremente, hace que la persona sienta desconfianza hacia las figuras de autoridad e intente sabotearlas para evitar ser controlado por estas.

Al ser Plutón regente de Escorpio en su casa 9, que revela una filosofía de vida y verdades desde los antagonismos y procesos psicológicos y emocionales profundos, mostró áreas de su vida donde le llegaron regalos inesperados para sus investigaciones, después de haber tenido que resolver conflictos, como suele suceder, en muchos casos.

Lo saturnino desde su personalidad y lo plutoniano haciendo aspecto, le ayudaron también a marcar límites y aprender desde la infancia a través de misterios y reflexiones de sus procesos personales.

Cerca de sus cincuenta años, construyó una casa circular en forma de torre, al borde del Lago de Zurich. Su forma ovalada representaba lo femenino o maternal, representando su Plutón en conjunción a la Luna.

En algunas personas viven dualidades, las cuales supo reconocer ya desde su juventud, como un dualismo interno: estaba convencido de tener dos personalidades a las que denominó Personalidad Número 1 y Personalidad Número 2. En sus propias palabras: «Vivía en dos épocas simultáneamente y era dos personas diferentes».

Su Personalidad Número 1, caracterizada por Saturno, participaba en el mundo común cotidiano, pero también ambicionaba ser un hombre de ciencia, alcanzar éxito académico y una vida culta y prestigiosa.

Su Personalidad Número 2, la describe como mucho más inquietante, lo llama «ese Otro» al que había identificado con el secreto de la gracia de Dios, un Dios que «quería obligarme a hacer el mal con el fin de experimentar su gracia».

Plutón rige su casa 9, que refiere a lo religioso y representa nuestra imagen de Dios. Desde pequeño Jung tuvo experiencias en las que sentía que Dios lo ponía a prueba tentándolo con pensamientos pecaminosos e inexpresables; esto lo confrontaba con la imagen cristiana establecida de una divinidad enteramente bondadosa. Dice en sus memorias: «Me hallaba en la más viva excitación, pues fue para mí como una fulminante revelación de que no había para mí otra meta más que la psiquiatría. Sólo aquí, las dos corrientes de mi interés podían confluir y encontrar su cauce por medio de un declive común. Aquí se hallaba el campo común de las experiencias de los hechos biológicos y espirituales, que por todas partes yo había buscado sin encontrarlo. He aquí, por fin, el lugar en que el cruce entre mi naturaleza y espíritu era ya un hecho».

Fue asimismo en esta época (a partir de sus diecinueve años) que empezó a participar de sesiones de espiritismo que le permitían comunicarse con el mundo de los muertos y los misterios espirituales que tanto atraían a su Personalidad Número 2. Su tesis de doctorado fue titulada: *Psicología y patología de los fenómenos ocultos,* (Leipzig, 1902) y se trata de un estudio sobre las manifestaciones mediumnicas de una prima. Queda claro que, aunque se formó en la escuela materialista de psiquiatría clínica, su interés por los fenómenos para-psíquicos constituyó una influencia fundamental en su obra.

La cuadratura entre Saturno y Plutón y la relación con Freud: Según Liz Greene en su libro *Saturno, un nuevo enfoque a un viejo diablo*, el contacto entre Saturno y Plutón se asocia con la necesidad de sabotear a aquellos que se encuentren en una posición de autoridad, y con el aspecto más oscuro de la autoridad que debe ser destruido para que pueda nacer algo nuevo.

La autora comenta que cuando uno habla con una persona que tenga este aspecto en su carta, «en el momento que intentamos imponerle alguna ideología o mantener algún tipo de control sobre ella, lo único que conseguimos es una perversa y violenta reacción». Esto resume la separación de ambos: con los años se acentuaron las dificultades en el vínculo entre ambos.

En 1911 publicó *Transformaciones y Símbolos de la Libido*, libro en el que formuló su concepto de Inconsciente Colectivo, que se diferencia del de Inconsciente Personal descripto por Freud por ser de carácter impersonal, y en el que se encuentran los arquetipos o ideas primordiales comunes a toda la humanidad.

Además de sus diferencias conceptuales con respecto al inconsciente, Jung tampoco avalaba la teoría del «deseo incestuoso», que para Freud consistía en el deseo literal de matar al padre para poder penetrar a la madre y que constituía la base de su teoría del Complejo de Edipo. Desde el punto de vista de Jung, en cambio, el deseo incestuoso es en realidad, un deseo de volver al útero materno para luego poder renacer espiritualmente, paso necesario en el proceso de individuación.

La relación terminó definitivamente en 1913, la separación lo afectó profundamente y contribuyó a un colapso nervioso. Todo rompimiento con alguien deja el camino libre para crear algo nuevo, esto fue el producto de este rompimiento, lo cual facilitó su proceso heroico interior. Fueron años donde continuó desde el auto-conocimiento a crear las bases de su conocimiento y legado.

Para Jung una parte de lo inconsciente está compuesta por recuerdos heredados, estos recuerdos se expresan a través de arquetipos, fruto de la transmisión hereditaria de la cultura. Por eso las producciones culturales son claves para entender la psique humana. Los arquetipos sirven para describir la ortografía de la naturaleza cultural sobre la que se fundamentan nuestras experiencias individuales.

Hay hay doce arquetipos: el inocente, el héroe, el sabio, el explorador, el mago, el rebelde, el bufón, el amante, el creador, el gobernante,el cuidador, el hombre corriente, estos con su correspondencia en lo femenino en la actualidad: la mujer inocente o ingenua, la heroína, la sabia, la exploradora, la maga, la rebelde, la bufona o cuenta historias, la creatriz, la mujer empoderada, la mujer que nutre a otros, la mujer ama de casa

Marie Louise Von le Franz

4 enero 1915 a las 02:25 (= 02:25 AM), Munich, Alemania

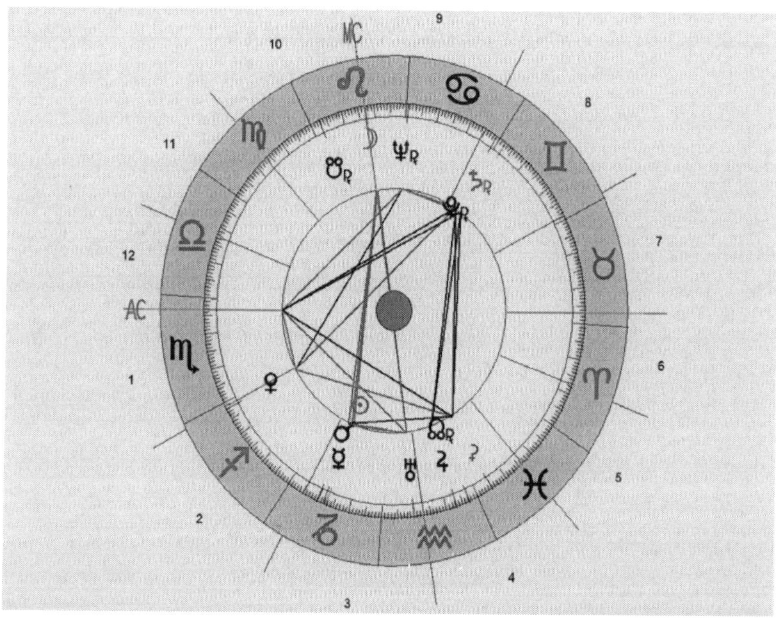

Marie-Louise von Franz (4 de enero 1915 – 17 febrero 1998), perteneció a la escuela de psicología Junguiana, fue muy reconocida por sus

interpretaciones psicológicas de cuentos de hadas y otros manuscritos. Se encuentran con Carl Gustav Jung en Zurich a la edad de dieciocho años, en 1933, cuando estaba a punto de finalizar sus estudios de secundaria, junto con un compañero y un sobrino de Jung quien era su asistente.,

Toni Wolf, ella y siete chicos fueron invitados a la torre de Bollinger cerca a Zurich. Este encuentro fue decisivo. En esta reunión Jung y sus pupilos hablaron de psicología. Cuando Jung habló de una mujer enferma mental quien (simbólicamente) refiriéndose que vivía en la luna, ella comprendió los dos niveles de realidad a los que se refería: el psicológico, con su mundo interior y sus sueños. Y ambos eran parte de la realidad del mundo.

Von Franz trabajó junto a Carl Jung, a quien encontró en 1933 y con quien colaboró hasta su muerte en 1961. Desde 1942 hasta su muerte, Marie-Louise von Franz practicó análisis de sueños en Küsnacht, Suiza. En 1987, ella había interpretado más de sesenta y cinco mil sueños.

Escribió más de veinte libros de psicología analítica sobre cuentos de hadas ya que ellos se relacionan con los arquetipos psicológicos y la psicología profunda. Ella amplificó estos temas e historias focalizando en problemáticas con la sombra que ayudasen a resolver el arquetipo del femenino. Editó y tradujo con comentarios de Aurora Consurgens, atribuído a Thomás Aquinas, sobre el proceso de los opuestos en la alquimia.

Durante sus últimos años, comentó sobre un manuscrito árabe de Muhhammad Ibn Umail del libro *Hal ar-Rumuz* (Libro de explicación de símbolos). Para los alquimistas, la imaginación veraz, era un enfoque a la materia. Esto se parece en muchos aspectos a la imaginación activa, descubierta por Jung.

Marie-Louise von Franz dio conferencias en 1969 acerca de la imaginación activa y escribió acerca del sueño consciente. En *El hombre y sus símbolos,* ella lo describe como «la imaginación activa es una forma de meditar imaginariamente, de la manera que se accede al inconsciente y se hacen conexiones con el fenómeno psíquico».

Su tercer campo de investigación fue la sincronicidad, psiquismo frente a materia y números. Su amistad con Jung la impulsó a la investigación de las diferentes formas de manifestarse la experiencia en otros mundos. Ella también creó el concepto de *unus mundus,* el cual podría ser investigado a través de los arquetipos.

Debido a la edad avanzada de Jung, ofreció a Von Franz dos libros: *Nnúmeros y tiempo* y *Psique y materia* para investigar. En 1968, von Franz fue la primera que habló de la estructura matemática del ADN y su analogía al I ching. «Símbolos del Unus Mundus» publicó en su libro *Psyche y materia.*

Otra preocupación básica para ella, fue lo concerniente a la manera como el inconsciente colectivo compensa desde un lado las imágenes del cristianismo en su caso y las reglas a través de los cuentos y la alquimia. En los análisis de Santa Perpetua la mártir, ella escribe cómo las visiones nos permiten una ojeada dentro del inconsciente espiritual de la situación de ese tiempo. La transición del paganismo a la cristiandad. «Los mártires aparecen en muchos aspectos como víctimas de una manera inconsciente de la transformación la cual se realizaba en el colectivo del alma humana, a través de la transformación de la imagen divina, de Dios».

Otra compensación es el simbolismo de la leyenda del Grial. Investigación que Emma Jung no finalizó y el cual terminó y finalizó después de la muerte de Jung. En las visiones del suizo San Nicolás, ella estudia aspectos de lo oscuro y lo diabólico al mismo tiempo del lado cósmico y la imagen holística de Dios donde se revelan las tendencias del inconsciente colectivo dando puntos de orientación donde la psique quiere entender el problema de los opuestos y traer más lo que es la cercanía a Dios frente al miedo.

Adicionalmente, ella desarrolló series de películas tituladas *The way of the dream* con su estudiante Fraser Boa. *La sabiduría de los sueños*, una serie de TV en Londres en 1989 con textos de ella.

Entre 1941–1944 von Franz se asoció al Club psicológico de Zurich, en éste dio una conferencia sobre las visiones de Perpetua en junio 7 de 1941 lo que expandió y publicó en su libro *Las visiones de Perpetua.*

En los años siguientes dictó muchas conferencias en el Club de psicología de Zurich, lo que constituyó el material de muchos de sus libros. Entre 1942 y 1952 actuó como librera.

Allí y en 1944 se volvió miembro para cofundar en 1948 el Instituto de Jung en Zurich. En 1974, junto con von Franz y alguno de sus pupilos

(René Malamud, Willi Obrist, Alfred Ribi, and Paul Walder) fundó lo que sería la Fundación para la psicología Junguiana, apoyando siempre todos los nuevos hallazgos.

También publicaró el periódico Jungiano. Jung entusiasmó a von Franz a vivir con un compañero de análisis Jungiano Barbara Hannah, quien era veintitrés años mayor que ella.

Cuando Hannah preguntó a Jung el porqué quería que estuviesen juntas, Jung respondió que quería que von Franz «viera que las mujeres no son tan brutas como su madre».

Para Jung, además, la razón principal fue el análisis que debía hacerse en conjunto y mejor entre mujeres. Los cuentos se convirtieron en algo de mucha importancia en lo relacionado con sus cuestionamientos psicológicos al mismo tiempo su interpretación de los cuentos de hadas.

En 1935 Hedwig von Beit le pidió a Marie-Louise von Franz asistirlo medio tiempo en escribir un libro de cuentos. Von Franz gastó nueve años investigando e interpretando su trabajo. Publicó en su libro *Simbolismo de los cuentos*, en tres volúmenes, publicado bajo el nombre de Hedwig von Beit.

En sus conferencias posteriores, ella conectó su interpretación de los cuentos con la vida diaria. Alfred Ribi dice que von Franz pudó descubrir y demostrar la psicología y sabiduría de los cuentos. La interpretación de los cuentos de Von Franz las basó en los puntos de vista de Jung desde la espontaneidad e inocencia como producto del alma, ellos son la simple expresión, de la experiencia del alma.

Von Franz mira los cuentos como imágenes de las diferentes expresiones de la realidad del alma. Son la simple expresión de los procesos psíquicos inconscientes y lo que representan los arquetipos en su forma simple y concisa, en forma pura. Los arquetipos a través de las imágenes son las mejores claves para entender el proceso de la mente colectiva.

Mirando sus anteriores realizaciones desde su carta natal, vemos que su ascendente es Escorpión, el cual es regido por Plutón que se encuentra en su casa 8, de las transformaciones y procesos de interiorización y psiquismo, le dan un impulso grande. Desde la conjunción allí de Plutón con Saturno que no solo le ayudan a estructurar sus vivencias y profundidad en sus investigaciones y comunicación dirigida hacia que su poder personal que está dado por el sol en la casa 3, desde la comunicación y el enfoque en llevar a cabo desde la casa 10 o lo que proyectaría a nivel de un entorno mayor.

Desde su Luna y Neptuno que se relacionan con una forma de divulgar emocional a través de la fantasía, con una filosofía de vida y verdades que tienen el propósito de nutrir desde niveles de transformación y creatividad, dándole un carácter innovador a su comunicación por tener su Urano en la casa 3 en Acuario, y al mismo tiempo haciéndola realizar desde su hogar la tarea inspiradora , la cual puso al servicio de un ideal como lo fueron la unión de los cuentos, los símbolos, los arquetipos, los sueños, teniendo en cuenta que desde sus propios procesos personales es donde toda persona que crea algo nuevo para inspirar a otros gesta desde su hogar, desde su psiquismo, desde su profundidad transformadora y también desde un liderazgo y fuerza enfocada a una meta.

Ella a través de su encuentro con Jung, fecunda el terreno que ya traía para que ambos se fundan en ideas afines y de cierta manera unión de conocimientos, que sería como se logran ideales que traerán beneficios a un grupo de personas o colectivo, no solo en un presente sino a futuro.

Franz Pearls

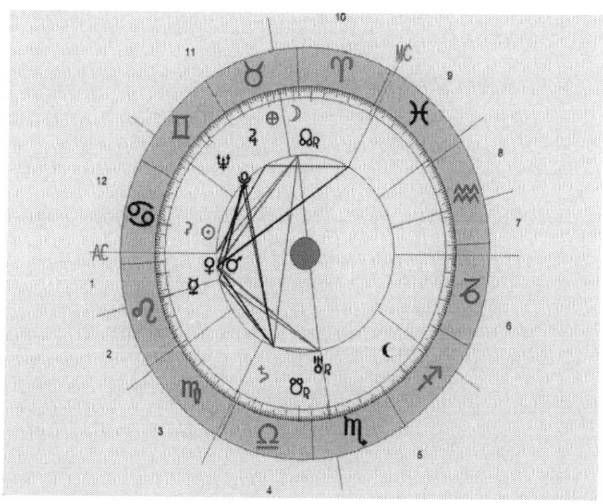

Hacia mediados del siglo XX, el psiquiatra y psicoanalista Fritz Perls (1893-1970), influenciado por la psicología de la Gestalt, creó la terapia Gestalt., la cual también contribuye en el desarrollo de otras visiones y prácticas que dan también luz al estudio de los sueños y la vivencia del presente y «el darse cuenta».

Gestalt y holismo

La psicología de la Gestalt desarrolla la teoría de que «la percepción se organiza espontáneamente en estructuras bien definidas, constituidas por una forma (el objeto percibido) y un fondo (su entorno)».

Según el concepto de figura-fondo aquello que se percibe (figura) pierde su significado fuera del contexto en que se integra (fondo), algo que, como veremos más adelante, adquiere pleno sentido cuando interpretamos una carta astral. Igualmente, la psicología de la Gestalt integra el concepto holístico, desarrollado por el sudafricano Jan Smuts (1870-1950), según el cual «el todo es mayor que la suma de sus partes», estando además todo en interdependencia con todo.

En palabras de Smuts:

«El todo y las partes se influyen mutua y recíprocamente y se modifican entre sí. Las partes son moldeadas y ajustadas por el todo, tal como el todo, a su vez, depende de la cooperación de sus partes».

No es difícil aplicar esta idea a la carta astral en donde, como sabemos, todas sus partes (planetas, signos, casas y aspectos) están en interdependencia. En consecuencia, si hay desequilibrio o tensión de alguna parte (o también si hay armonía), ello repercutirá en ese todo representado por la carta astral.

En la terapia Gestalt no existe una teoría compleja sino más bien una concepción de los procesos psicológicos, que pone el énfasis en el darse cuenta de lo que está ocurriendo sin intentar modificarlo. Es decir, para la terapia Gestalt, la clave estaría en tomar conciencia del «aquí y ahora» y responsabilizarse de los pensamientos, sentimientos y acciones del momento presente. También asume plenamente los principios holísticos, como un factor fundamental en el proceso de comprensión e integración de las diferentes partes que componen la identidad individual.

Refiriéndose a ello, Perls escribe en su libro *El Enfoque Gestáltico*: «La premisa básica de la psicología de la Gestalt es que la naturaleza humana se organiza en formas o totalidades y es vivenciada por el individuo en estos términos y puede ser comprendida únicamente en función de las formas o totalidades de las cuales se compone».

En la terapia Gestalt se aglutinan una serie de ejercicios y estrategias, encaminadas a hacer consciente en el individuo los pensamientos y emociones que emergen de su interior en cada momento, a fin de que se responsabilice de ellas. Entre los ejercicios propuestos destaca la «técnica de diálogo» entre las partes en conflicto, que se revela de gran utilidad para la exploración vivencial de las subpersonalidades en el tema natal. Consiste sencillamente en hacer hablar a cada una de las partes, a fin de que se establezca un diálogo entre ellas y así poder tomar conciencia de cuales son sus necesidades y dificultades. Muy relacionada con el trabajo de los yoes del cual se habló en el capítulo 3.

El diálogo entre subpersonalidades evidencia los argumentos y necesidades de una y otra parte, que debaten dentro del individuo. Ello permite tomar conciencia, desde fuera del conflicto existente, de cual es la subpersonalidad que domina (si la hay) y de la necesidad de educar y armonizar ambas partes.

En el proceso de análisis y síntesis astrológica, la técnica del diálogo puede ser utilizada: de la siguiente manera: se invita al cliente o consultante a reflexionar sobre las necesidades que manifestarían cada una de las partes si hablasen entre ellas, a fin de buscar, con nuestra cooperación astrológica, las estrategias evolutivas que se podrían intentar.

Esta operación tiene como valor añadido, el hecho de involucrar a la persona en la búsqueda de soluciones, para aquellas cuestiones que atañen directamente a su propia vida. Así, cuando al preparar la interpretación de una carta astral, si se encuentra un aspecto difícil, o si hay una tensión entre subpersonalidades antagónicas, se puede establecer un diálogo imaginario, a fin de encontrar claves que sirvan para resolver el conflicto.

A partir de esto, sugerir al consultante alternativas o compromisos, que sean coherentes con su tema natal. Se trata de un ejercicio muy útil, pues, aunque creamos tener una interpretación astrológica adecuada, la técnica de diálogo proporcionará una nueva visión que enriquecerá el trabajo personal.

Roberto Assagioli

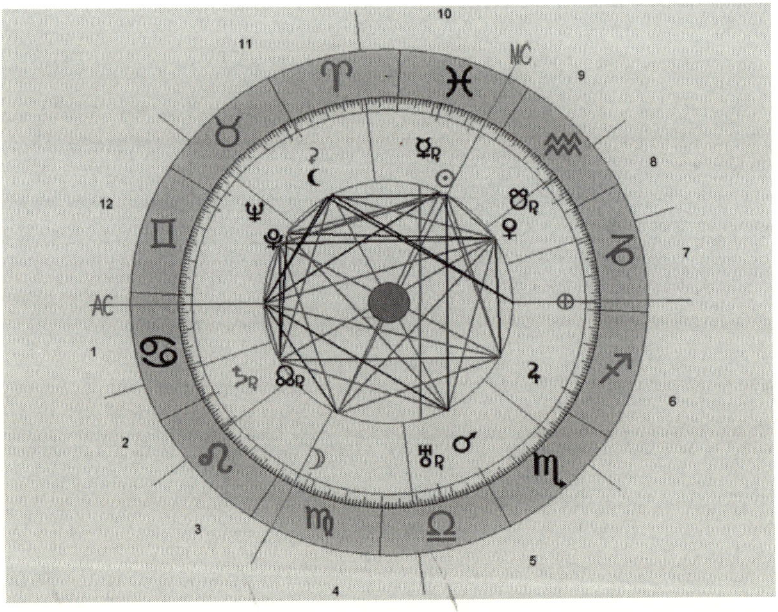

Tanto la Psicosíntesis, como la Astrología transpersonal, remiten a una mirada integral de la conciencia y del cosmos. Este tipo de Astrología nos conecta con nuestra alma, y con el *anima mundi*, el alma del mundo; con nuestro verdadero Ser o Yo superior.

Más adelante veremos que la idea directriz de la Psicosíntesis es la de lograr des-identificarnos del yo personal (o ego) para identificarnos con el Yo Espiritual o Yo Superior, simbolizado por el centro vacío de la carta natal 1.

Roberto Assagioli y su escuela de Psicosíntesis fueron toda una revolución en el mundo de la psicología y sentó las bases del humanismo y de la psicología transpersonal. Estudiaba a la persona como personalidad y como alma.

En las terapias que Roberto Assagioli desarrolló, el inconsciente jugaba un papel importante, pero en equilibrio con el trabajo racional y consciente. Además, sus teorías sobre la interacción entre la psique y el cuerpo constituyeron la base de la medicina psicosomática. Su idea principal sostiene que el individuo se haya en un proceso constante de crecimiento personal. La consecución de todo su potencial oculto es el fin último y su método busca la transformación de todas esas potencialidades.

Roberto Assagioli nació en Venecia en 1888. Creció en una familia con intereses en el arte, la música y la literatura. Parece que los estudios de Teosofía de su madre influyeron decisivamente en su gran interés por las filosofías orientales.

De adolescente viajó mucho y despertó un gusto especial por los ideales de libertad de los movimientos sociales no violentos y no dogmáticos.

Sus viajes le enseñaron que el ser humano es el mismo, no importando su lugar de procedencia. Desde joven defendió que, en todos los seres humanos, habita un deseo de desarrollar su máximo potencial.

Estudió en la facultad de Medicina del Instituto de Estudios Superiores de Florencia. Terminó una tesis doctoral titulada *La Psicosíntesis* que contemplaba un enfoque holístico de la psicología con especial atención al crecimiento humano y las experiencias de dimensiones espirituales.

Después de terminar sus estudios de medicina, Assagioli se formó en psiquiatría en Suiza de la mano del prestigioso Eugen Bleuler, el pionero que definió la esquizofrenia y uno de los primeros en aceptar el psicoanálisis.

Allí conoció a Carl Jung y se hicieron amigos. Assagioli pensaba que la psicología de Jung era la más cercana a la psicosíntesis. En 1926, abre en Roma el primer Instituto de cultura y terapia psíquica. En 1928, ofreció una serie de conferencias tituladas *Las energías latentes en nosotros y su uso en la educación y la medicina.*

La Segunda Guerra Mundial fue un período especialmente difícil para Assagioli, por su origen judío y sus ideas humanistas. Pasó un tiempo encarcelado y aislado, momento en que aprovechó para realizar estudios sobre la voluntad, la meditación y la investigación de las distintas áreas internas de la consciencia.

Parece que las experiencias vividas, durante la guerra, mermaron de forma considerable su salud. Aun así, terminada la guerra, Assagioli volvió a trabajar en sus investigaciones y mantuvo contacto con personas que influyeron de forma significativa en su trabajo, como Rabindranath Tagore, Viktor Frankl y Alice A. Bailey.

Además, a todo su trabajo de investigación, se añadió también un profundo conocimiento de la filosofía hindú y el budismo, ya que estudió un tiempo con un lama tibetano.

Quienes más trabajaron con Psicosíntesis dentro del ámbito de la Astrología fueron Bruno y Louise Huber, astrólogos suizos que estudiaron directamente con Assagioli en su Instituto de Florencia. Ellos desarrollaron un método particular de enseñar e interpretar la carta natal, hoy conocido como método Huber. Crearon un modelo de la psique: «el ánfora», que combina conceptos astrológicos y psicosintéticos.

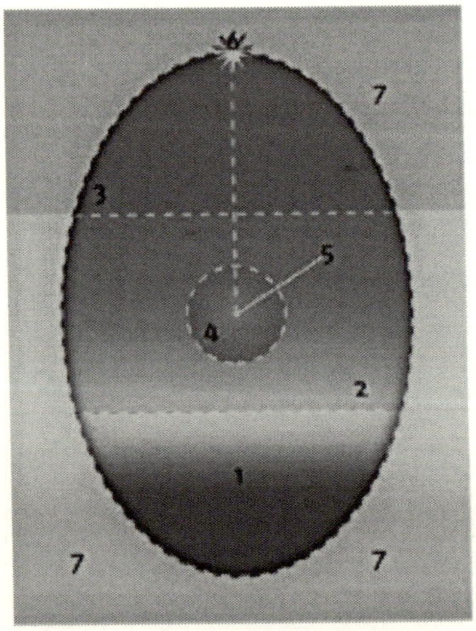

El huevo de Assagioli es una herramienta desde su contribución.

El diagrama llamado «huevo de Roberto Assagioli», de sobras conocido en el mundo de la psicología, da un paso hacia adelante en cuanto a los modelos de Freud y Jung incluyendo la parte espiritual. «El hombre siempre crece hacia la luz», que denomina inconsciente superior. Es decir, tenemos los siguientes estadios en la psique del ser humano.

1. Inconsciente inferior

Es el inconsciente freudiano, el lugar donde están los instintos, los impulsos, las pulsiones, lo reprimido, la sombra. Allí están los contenidos que se manifiestan a la conciencia en forma de sueños, síntomas, enfermedades, lapsus y demás. Al inconsciente inferior también se sumaría la inteligencia propia de lo corporal, tanto inconsciente como involuntaria (la que metaboliza los alimentos, cura las heridas, produce anticuerpos, la actividad cardio-respiratoria, etc). Este inconsciente posee también contenidos que se encuentran en interfase con el inconsciente colectivo, por su mera pertenencia a la especie humana (arquetipos).

2. Inconsciente medio

Es lo que Freud denominaba preconsciente. Aquí existen los contenidos inconscientes que no sufren una represión tan fuerte. Es como un pasillo donde pasan todos los contenidos antes de hacerse conscientes. Como cuando uno no encuentra una palabra, pero sabe que la sabe..., tiene que esperar y dejarla de pensar un tiempo para que ella aparezca en la mente. También se encuentran aquí aquellos hábitos adquiridos en algún momento y que ya no nos sirven o no estamos utilizando. Todos sus contenidos son accesibles para la conciencia.

3. Inconsciente superior o supraconsciente

Aquí Assagioli hace unos de sus principales aportes. Este campo es tan inconsciente, como el inferior, sin embargo no es del todo reconocido pero apunta a una dimensión tan verdadera y experimentable como las demás. El supraconsciente va mucho más allá de la mente racional, es la fuente y sede de las inspiraciones filosóficas y religiosas, lugar donde moran los valores humanos como la libertad, generosidad, bondad, comprensión, amor y compasión.

4. Campo de la conciencia

Todo aquello de lo que podemos ser conscientes ahora (usted leyendo estas palabras, en este caso) se encuentra en este campo. Sería la punta del iceberg, esa parte de la psique que sale a la superficie, lo que se tiene en luz, de lo que uno es consciente. Aquí dentro también están los yoes (nuestros diferentes aspectos con sus propias formas de pensar, actuar y sentir). Por ejemplo, un «yo profesional» organizado a través de un rol personal, es muy distinto al que usamos cuando jugamos con nuestros hijos, en la intimidad o cuando estamos en un viaje de placer. Es un campo donde conviven nuestras distintas personalidades, que aparecen, se superponen o desaparecen de acuerdo al devenir de nuestro día a día.

Tenemos yoes distintos. Al cambiar la vestimenta somos otros, creemos ser de una manera y quizás hasta nos comprometemos exclusivamente con una meta. Decimos: «voy a empezar a ir al gimnasio tres veces por semana». Una parte de uno se compromete con algo. Y al rato o después, otro yo se agarra la cabeza por haber hecho eso.

Hay una tarea de la Psicosíntesis que es horizontal, que busca integrar a estos yoes, para comprender la función que cumplen y dándoles permiso de existencia; evitando así la identificación exclusiva con tales o cuales yoes.

5. Yo consciente

Es la unidad dinámica que constituye el individuo consciente de su propia identidad y de su relación con el medio; es, pues, el punto de referencia de todos los fenómenos físicos y psíquicos.

Es el punto focal de la conciencia, el portador de nuestra conciencia consciente de existir, así como la sensación continuada de identidad personal. Es el organizador de nuestros pensamientos e intuiciones, de nuestros sentimientos y sensaciones. Es el portador de la personalidad y quien nos brinda el sentido de identidad. Generalmente estamos identificados desde desde este yo empírico con los diferentes roles, y no desarrollamos un sentido de identidad interna más profunda.

6. Yo superior

Assagioli define a este Yo, como el centro unificador y la esencia más profunda de nuestro ser, aquella instancia que permanece siempre igual y fija y que está en contacto con la Realidad Suprema, con el Misterio. Este sentido de inmutabilidad se transmite a su reflejo, el yo consciente; por eso si bien puede identificarse con roles, estados de ánimo o conceptos, mantiene siempre su unicidad y esencia. Parecería entonces que existieran dos yoes, un yo ordinario y un yo profundo. Sin embargo el Yo en realidad y en esencia es único. Lo que llamamos yo ordinario es aquella cantidad de yo profundo que la conciencia de vigilia asimila y realiza en un determinado momento.

El yo personal es un reflejo del Yo Transpersonal, el yo ordinario es un refelejo del Yo Superior, suficiente como para darnos un sentido de identidad individual.

El Yo Superior, aunque mantiene un sentido de individualidad, se encuentra en el nivel de la universalidad, donde los planes y los asuntos personales están eclipsados por una visión más abarcante. El yo personal y el Yo Transpersonal son una misma realidad experimentada en niveles diferentes.

7. Inconsciente colectivo

Jung sostuvo que existe un lenguaje común a los seres humanos de todos los tiempos y lugares del mundo, constituido por símbolos primitivos con los que se expresa un contenido de la psiquis que está más allá de la razón. El inconsciente colectivo contiene toda la herencia espiritual de la evolución de la humanidad, que nace nuevamente en la estructura cerebral de cada individuo. Está constituido por motivos mitológicos e imágenes primordiales, razón por la cual los mitos de todas las naciones son sus verdaderos exponentes. Toda la mitología podría considerarse una especie de proyección del inconsciente colectivo.

Es una suerte de pozo común, idéntico a sí mismo en todos los hombres, y del que no habría posibilidad de percepción directa voluntaria. Su contenido sería todo lo sentido, imaginado o temido por la especie, organizado por los diversos arquetipos con que podemos identificarnos inconscientemente. Este campo está en contacto y rodeando por completo a toda la superficie del «huevo», interactuando en forma dinámica con cada uno de los campos psíquicos que lo integran. De esta manera habrá arquetipos del inconsciente colectivo que operarán tanto a través del inconsciente inferior como del superior.

Los Senoi y sus prácticas. Recomendaciones Junguianas. Cultura Senoi unidas a mi experiencia

Dento del trabajo disciplinado con los sueños no solo es importante la percepción, sino también la acción, la cual conecta con el sentir. Por eso para cada sueño hay tareas y cuestionamientos específicos.

Por ejemplo el soñar con maletas, para mí, tienen el significado de aligerar el equipaje, de viajar con lo necesario. En un sueño reciente soñé que afuera, en un lugar, había muchas maletas y entre ellas tres a cuatro estaban unidas por cierres. Cuando desperté me di cuenta de inmediato que estaban relacionadas con amistades con las cuales ya no tenía relaciones cercanas pero entre estas los cierres o finales de ciclo estaban sellados. Me recordó la imagen que un día durante la vida real, antes de que papá muriese, aprovechaba cada momento para cerrar con él nuestra relación desde lo cotidiano y un día se dio que él me ayudó a cerrar una maleta de viaje, en ello se dio la acción y la percepción del cierre, donde la acción fue evidente y clara.

Desde mi punto de vida como soñante realizo la tarea que sea la adecuada de acuerdo a conectar realidades y sutilezas desde el estado de alerta permanente o constante.

Cuando se mira el sueño de alguien lo importante es hacer preguntas, que solo la persona tiene la respuesta. Por eso es importante relacionar las tareas desde el sueño, se crean experiencias para reflexionar y ver que sucede en la realidad, se trabaja el sueño desde los arquetipos y el mundo exterior. Esto lleva a que surja un avance de conexión tremendo a sueños futuros.

El objetivo de llevar un diario de sueños, siguiendo el ciclo lunar, hace una gran diferencia entre sueños que se tienen antes de luna nueva, donde en los tres días anteriores, se da una predisposición mayor a trabajar la sombra y con la llegada de la luna nueva, ya se pasan a sueños más de siembra de semillas o diferentes.

Igualmente, durante la luna llena, o en este período que abarca un día antes y un día después donde se dan encuentros, sucesos y sueños con una orientación más poderosa y también transformadora. Desde la astrología, cada luna nueva en determinado signo del Zodiaco está con un terreno propicio para desde donde se encuentre la luna en nuestra carta natal o donde caiga el signo de esa luna nueva, se puede hacer una siembra de semillas para recoger seis meses adelante durante la luna lleva, se recomienda hacerlo desde estado meditativo.

La secuencia es: sueño-recordar el sueño-registrarlo en el diario y escribir primeras intuiciones y sensaciones o mensaje inicial.

Dentro del sueño ver la secuencia o sus partes, que conexión hay o que puentes se están sugiriendo, de igual manera observar símbolos o temas repetitivos.

Se pueden analizar también acciones desde el ego, yoes que aparecen en personajes que intervienen, montados en otras personas conocidas, familiares, o desconocidas. Cumplen un papel dentro del sueño.

Por ejemplo se pueden establecer análisis desde un sueño donde el ego se siente afectado. Colocar varias tareas para recoger información y a través de ellas llegaran preguntas que se deben realizar en ese momento al respecto del tema, en sueños simples, el mensaje puede llegar de una manera directa.

Es importante ver en estos personajes las cualidades, temas, contrastes o similitudes. También ayuda en algunos casos dialogar con los personajes u objetos del sueño, o encontrar a veces relación con otros sueños.

Mi recomendación cuando es un sueño largo y son temas muy distintos en el mismo sueño, es hacer frases oníricas que cada una se desglosa en el tiempo para conectar o un contenido o diferentes contenidos, lo que no necesariamente se resuelva en el mismo día, mes o año, ya que depende del trabajo personal y evolutivo de cada persona.

Un ejercicio interesante y creativo es convertir el sueño en una historia mítica propia.

Esta es la mía: cada persona puede escribir la suya con algún sueño o repetitivo o simbólico o relacionado con la vida cotidiana.

Historia mítica propia de la araña

En el tejido de mis primeros días de vida aún siendo bebé, fui colocada sobre el tapete de Natura en los alrededores de Medellín mi ciudad natal en contacto directo con los más bellos, insólitos y vívidos paisajes.

Nuestras diversiones infantiles con mis hermanos eran bañarnos en un río, subir una montaña, hacer un picnic familiar debajo de un árbol. Desde esos días retomé dentro de mí el poder revitalizador de la amada Madre Tierra quien nos sostiene y nutre siempre con sus regalos incondicionales.

Hubo un cambio grande al comenzar a estudiar en el colegio: el paso de salir de la casa como útero a compartir con otros niños, comenzar a penetrar el mundo, la cultura y viajar a través de la imaginación con nuevas actividades. La música fue mi acompañante a través de lecciones de piano y todo lo que se aprende en un conservatorio. Luego vinieron las actividades manuales del colegio que mi madre fomentaba.

Actividades artísticas, que nutren el alma en esta etapa a partir de los siete a catorce años.

Observaba a mi madre quien siempre tejía, mientras me llevaba a mis diversas clases y me esperaba. Mientras yo también recibía y aprendía toda clase de manualidades: bordar, a hacer punto de cruz, artesanías, tejidos y tapetes con agujas, actividades siempre recreativas que me acompañaban.

Desde los ocho años comencé a registrar mis sueños, como parte de mis vivencias diarias.

Este fue el que me entregaron relacionado con la araña: Cierto día a través de un sueño me trasladé a otro lugar lejano en una selva africana y en otra dimensión del tiempo pude ver como mi padre allí en esta selva era un cazador de animales salvajes y mi madre a su lado quien pasaba largas horas en silencio y contemplando la naturaleza, comenzaba a menudo a aburrirse de pasar cada día en la misma rutina contemplativa, hasta que repentinamente y en contacto con este entorno tan natural y alejado de la civilización pude ver como la aparición de una araña había entrado a la casa de campo donde se encontraba mi madre y había comenzado a tejer sus telarañas muy cerca de ella.

Mi madre quien era muy receptiva, captó su presencia y se dio cuenta de inmediato, del por qué esta araña había llegado a vivir allí por un motivo de afinidad. Ambas se reconocieron como habitantes del mismo espacio, hasta que cierto día la araña le habló a mi madre y le dijo: «Al sentir tu presencia amable y benevolente he sido enviada por el reino de las mías a entregarte nuestro legado», a lo cual mi madre sorprendida abrió sus manos, a petición hecha por la araña y recibió uno de sus mejores regalos, el tejido.

A partir de ese momento, aparecieron las agujas, el hilo, el color y fue así como ella con el tiempo se entretuvo creando nuevas puntadas y diseños. Cuando desperté comprendí que cada insecto, animal, planta, árbol son mensajeros de la Madre Natura que viene siempre con un regalo. A mi llegada a Inglaterra, en la casa que compartiría con mi esposo, la encontré llena de arañas, de inmediato capté el mensaje que también a mí me han dado el gran regalo de los tejidos e hilados de muchas culturas. Desde mi hogar me dedico a los textiles y en particular al trabajo con el fieltro, hecho con lana de oveja.

Cultura del yoga de los sueños

Un aspecto importante de estas prácticas es el concepto de la Luz Clara. Tener en cuenta estos cuatro momentos: día, tarde, noche y amanecer.

Se sugiere realizar contemplaciones donde se para la mente y se entra en estado de claridad. Es un estado de relajación donde hay una pequeña iluminación. Ello nos permitirá reconocer perceptivamente estados unificados y lúcidos. Lo ideal de este estado es mantenerlo de día y de noche y surge de una alegría espontánea.

Van Eden fue quien primero habló de los sueños lúcidos: como estar despierto durante el sueño y dirigirlo. Freud habló de la sexualidad reprimida y los símbolos como resultado de ello en los sueños, luego Jung liberó y partió de que había otros factores diferentes a la sexualidad y los sueños se volvieron una manifestación consciente del inconsciente.

Luego Fritz Pearl de la Gestalt manifestó el camino de los sueños como una integración de la personalidad, para otros analistas posteriores son porciones de la parte autobiográfica de la persona. Norbu Rimpoché del budismo tibetano a través de sus sueños avanzó en encontrar otras formas para trabajar con sueños de claridad, para ello sugiero el trabajo de trabajar con la práctica de la luz natural.

Hay de acuerdo a esta visión dos tipos de sueños: kármicos y de claridad.

Las percepciones del día son un sueño. Bajo esta metodología se trabaja con luz blanca y el sonido «Ah», se visualiza en el centro del cuerpo y en otros casos dentro de una esfera de luz de cinco colores, también, si hay pesadillas colocar luz rosa en la garganta. Entrenarse, transformar, disolver, desordenar, estabilizar, esencializar, sostener, invertir. Meditar en el cuerpo ilusorio.

11

LA HOMEOPATÍA

La homeopatía, hierbas que pueden ser coadyudantes en sueños, algunas piedras y sus propiedades para ayudar en los sueños. La glándula pineal asiento del alma

Hay muchos conocimientos que complementan el estado de bienestar y de salud que una persona debe tener para que su parte emocional y mental, sean elementos que sean develados a través de los sueños u otras terapias, en mi caso complemento la homeopatía y las esencias florales australianas para este mantenimiento de salud.

En este libro solo mencionaré algunas que he usado bastante en relación al tema, pero al ser la materia médica tan extensa, solo he tomado los que están relacionados con mi investigación de los estados alterados de consciencia y lucidez.

En un segundo volumen, que saldrá de este tema me extenderé en conclusiones de muchas personas, ya que por ahora solo lo he usado personalmente y amistades que trabajan en los campos del ser multidimensional. En el siguiente volumen habrá un enfoque hacia exploración de viajes en sueños y ensueño de otras personas.

Hay una gran diferencia entre homeopatía e hierbas, porque ambas a pesar de que tienen usos que ayudan deben tomarse de formas diferentes. Por ejemplo la chamomila homeopática, tiene unos síntomas mentales marcados uno de ellos para personas o niños que les dan ataques o rabietas y reaccionan con mucha rabia hasta de pegar puños o tirarse al suelo, por ejemplo, sin profundizar demasiado y la hierba, es más suave en el sentido de ayudar a relajar a la persona que se toma una infusión o te.

De igual manera la cannabis homeopática, ya sea fumada, en té, produce un efecto diferente en su forma de sanar que si se toma en forma de té o con chocolate, o mezclada con alimentos. La forma de preparación hace una gran diferencia.

Remedios homeopáticos relacionados con estados alterados de consciencia. Dreaming potency

La prueba de experiementación del remedio y toda su investigación se le debe a Janet Snowdon quien es la persona a quien le agradecemos el haber sacado adelante no solo el estudio sino el haberlo traído de Ubulawo en Africa extraído de la corteza de un árbol de los Sangomas de sur del Africa.

En 1996 en compañía de dos sanadores estuvo con ellos en las afueras de Capetown, hablando de sueños y de las sustancias que ellos usaban desde sus ancestros.

Estando allí tuvo un sueño vívido: «Estaba al final de un cuarto, con rayos de luz que entraban a través de la ventana iluminando los abrigos, donde se encontraban dos hermosos labradores, en la otra punta de donde ella se encontraba, ella estaba parada en el techo mirando el piso de un armario, que tenía una cortina colgada enfrente y ella sabía que debía salir de allí y estaba evitando esta tarea. El armario estaba desocupado, decidió correr la cortina, allí había un perro negro tiritando con una herida en su lado izquierdo. Ella ya estaba tumbada en el piso, mirando con horror, que había puesto el perro en el armario sin comida, esperando para que muriese y mientras tanto, ella gateó para unirse a los labradores».

Al día siguiente se preguntó y habló con los sanadores africanos de su sueño lo cual para ellos el mundo de los sueños era parte de su rutina diaria

Este sueño era poderoso y traía consigo sus síntomas asociados, lo que es importante para todo remedio homeopático.

Para estas personas del África, no solamente los sueños son un potencial de curación, sino que también los *Sangomas* encuentran su vocación a través de los sueños. A veces quien está aprendiendo se encuentra con su maestro sanador en sueños. De igual manera hacen diagnósticos y dan consejo y asesoría a través de los sueños.

Los sanadores del África no interpretan sueños, el análisis que hizo de su sueño, fue hacer una remarcación sobre la importancia del perro negro, en el sueño de ella y de ponerle atención para su tiempo presente en un aspecto importante de la vida de ella que la llevaría a algo.

Ella agregó que no le había gustado el perro negro, y quería que hubiese muerto. A lo que le dijeron que su sueño venía de un viento enfermo y que él le daría algo para sanar este sueño. Al día siguiente, le dieron un polvo disuelto en agua que hacía espuma, el cual revolvieron y este líquido fue el que ella trajo a Inglaterra para crear el remedio.

La experimentación de quienes probaron el remedio fue variada. Algunos de ellos entraron en depresión o se metieron en su lado de sombra.

Lo que Jane encontró en general fue que después de tomar el remedio y limpiar el campo psíquico, los sueños mejoran en calidad dependiendo de cada persona. Lo importante es para que la persona mejore su viaje y su caminar.

En el caso de ella, le llegó un día una luz importante con el sueño que tuvo en África relacionado con el perro negro del sueño, fue que uno de sus estudiantes de homeopatía, le habló de que Winston Churchill sufrió de constantes depresiones a través de su vida y las llamó «mi perro negro», que la condujo a ella a investigar estando allá en África a encontrar este remedio.

Lo que también la ayudó a concluir que la mente consciente se comunica con la inconsciente a través de símbolos, sueños, mitos y rituales.

Dreaming potency

Síntomas: agotamiento por no dormir, cansancio por falta de sueño, sentirse cansado al despertar, sueño con mucho bostezo, sonambulismo en la noche o después de almuerzo.

Sueños: amorosos, de rabia, de bebés que se han ahogado, de ciudades, sueños cocinando, sueños lindos del campo, sueños de muerte, soñar que se muere esposo, sueños de tener mucha confianza, sueños de dificultades, de mapas, de música de celos, de viajes, de persecución, de sofocación, de agua, de ser herido, de amenazas, con extraños, con zapatos, corriendo.

Este remedio, llevo investigándolo y suministrándolo a personas amigas que trabajan con sueños, terapias y temas afines, con excelentes resultados para limpiar el campo de los sueños.

El siguiente es un testimonio de Laura, una chica quien se dedica a este tema y a través de quien se han dado varias sanaciones de sus consultantes. Estas son sus palabras resumidas: «desde muy pequeña soñaba casi todos los días, desde entonces me puse a indagar».

Al comenzar a estudiar canto terapéutico conocí a Laura con quien comenzé a aprender sobre sueños y ensoñación, dentro de la exploración en grupo me di cuenta de que mis sueños eran en blanco y negro y que aún no eran lúcidos, con la indicaciones dadas por ella para tomar el remedio Dreaming potency 10M una dosis, media hora antes o después de comidas, en ayunas o antes de acostarme, me la tomé y a partir de entonces el color regresó a mis sueños y comencé a tener sueños lúcidos, se me agudizó la intuición, los colores y la claridad. Lo que más se le agudizó fue, el centro auditivo.

Recuerdo que el primer sueño que tuve por vivir en el campo, fue soñar con un jardín de rosas grandes en el patio de la casa de mis padres y la que vi más iluminada fue en especial muy grande e iluminada rosa.

Síntomas mentales importantes

Ausente, soñador, elevado cuando le hablan, abstracción mental, deseos de alcanzar algo, falta de ambición, no da fácilmente respuestas, ansiedad, deseo de quedarse en cama, deseo por colores, aversión a estar acompañado, difícil concentración, o conversación, mente confusa como si estuviese en un sueño.

Desilusión: de los otros, de la inhumanidad, de desaparecer, consigo mismo, de ser abandonado, de no cumplir con su tarea, de no poder ver, de ser perseguido, de sentirse separado del cuerpo y la mente, de que a veces las cosas familiares le parecen extrañas,se le desvanecen pensamientos, de estar separado del mundo, de sentirse desafortunado, lleno de deseos que no puede expresar,descontento, como si estuviese en un sueño, tedio, sentirse extraño en su familia, añora hogar, olvida cosas, miedo a la pobreza, a los hombres, indiferencia, apatía, indecisión,manía por trabajar, indiferencia a los cercanos,irritabilidad solo, indecisión con proyectos, memoria débil, a veces pereza, o posponer proyectos, tristeza, sentimentalismo, suspirar, mente llena de pensamientos,o a veces mente vacía, deseo por caminar, entre otros.

Sueños: amorosos, de rabia, de ciudades, cocinando, de muerte, de dificultades, de ver bebés ahogados, de viajes, de mapas, de música, de comunidades, de agua, ser herido.

RAINBOW: Arco Iris

Este remedio fue preparado directamente sosteniendo una botella de puro ethanol con los rayos del sol, brillando a través de un prisma. El sol estuvo por dos horas aproximadamente, potentizado de acuerdo a los métodos tradicionales homeopáticos.

Cuando se hicieron loas pruebas de una manera meditativa, aparecieron puentes, conexiones, limpieza, procesos de salir de oscuridad a luz, guía y apoyo desde otros planos. Significado: la luz en su espectro trae armonía, paz y purificación en todos los niveles, ayuda a las personas a encontrar su propósito permitiendo que el chacra del corazón se abra para dar y recibir, es un remedio que ayuda a sacar a las personas de procesos negativos o de oscuridad y darles el coraje de tomar las riendas y encontrar el propósito

En otros individuos puede mejorar las habilidades intuitivas y telepáticas para percibir lo genuino, sacar a personas que se encuentran en una nube, o perdidas, al llegar esta luz que lleva a resoluciones y respuestas. Sana los chacras ya que contiene todos los colores. En especial tiene un efecto benéfico sanador sobre la energía del bazo.

- Generalidades: estimula los fluido del cuerpo a encontrar el propio balance, al trabajar directamente a través de la sangre y el linfa y el sistema cerebro espinal. Ayuda a abrir el tercer ventrículo del cerebro, incluyendo la glándula pituitaria, enviando mensajes a las hormonas sanadores. Cumple también un rol con limpiar el cuerpo de toxinas, radiación mejorando inmunidad. Se puede suministrar a la LM1 por un mes en este caso. Ya que aumentará niveles de serotonina para mejorar depresión. Desintoxica el hígado y los riñones, mejora energía del bazo a través de lo cual beneficia casos de piel como psoriasis y eczema. Sirve de puente en períodos de transición de edades, relaciones, familia, cambios de lugar, etc.

- Mentales: estancamiento, miedo al cambio, anticipación, confusión, falta de tierra, sensación de sentirse sin límites o de no llegar al foco de algo, falta de claridad mental, o intuición bloqueada, para adolescentes que no encajan, miedo a no tener estructura, falta de control en rutinas, menopausia, impaciencia, irritabilidad.
- Relaciones: Es excelente para combatir efectos de larga duración remanentes del uso de drogas recreacionales. Puede ser apoyo de Ayahuasca y complementario de Nux Vomica or Cannabis Indica or Opium. Se usa mucho más en potencia alta.

Ayahuasca homeopática

Es un remedio que he comenzado a explorar con personas que están despiertas y que meditan, se alimentan sano y tienen un estado de consciencia apto para casos de acuerdo a cada individuo. Mi experiencia en Colombia en especial con amistades que meditan y están en un camino de consciencia ha sido para algunas de tenerle respeto y no hacer la experiencia, pero para muchísimas ha sido una limpieza y desintoxicación para desperta a su camino y propósito, no para recomendarla como algo que se deba hacer, porque hay muchos caminos para llegar a lo mismo.

Para mí, dentro de mi camino de chamana del siglo XXI, fue contar con el conocimiento de saber que cada persona debe experimentar lo que le corresponde sin abusar de nada, ya que en el balance de todo es donde se encuentra el centro. Puedo decir que las experiencias personales que tuve algunas fueron intensas y profundas, me abrieron nuevas puertas dentro de mi psiquismo, otras que percibí dentro de este estado las tengo en la vida mágica de lugares alejados en especial en Colombia, selváticos o de mar y naturaleza, a través de meditaciones y muy a menudo en la vida real. Por eso recomiendo que el viaje y la manera como lo hacemos depende de nuestro trabajo interior.

Dentro de los usos terapéutico como homeópata ha ayudado mucho a una amiga con situaciones y resoluciones emocionales, al mismo tiempo con síntomas de alergia al gluten. Y a otras personas con caminos similares al mío.

De acuerdo a problemática, la uso en potencia alta o baja, hay que tomar el caso.

En mi propia experiencia personal, la tomé por primera vez hace cinco años para poder ver sus efectos antes de recomendarla a pacientes, me tomé solo una potencia alta de Ayahuasca homeopática antes de irme de viaje de vacaciones a Menorca.

Su efecto en mi primera semana de tranquilidad y estar sentada frente al mar, fue el mirar el cielo y ver el ángel guardián de la isla.

Luego sentada almorzando con vistas al mar, estaba comiendo aguacate y súbitamente, le vi su energía lumínica verde intensa.

He comenzado por darla a personas que se trabajan a sí mismas para sanar situaciones familiares a través de sueños muy intensos y visionarios donde llega toda la información necesitada por cada persona.

Cuando la he tomado esporádicamente ha sido para momentos especiales de la tierra de apertura planetaria o sanación grupal.

Este remedio se debería usar más a menudo.

Es una droga psicoactiva que produce cambios en la percepción, pensamientos, sentimientos, emociones y conciencia.

Ayahuasca (Quechua)

Es una decocción psicoactiva preparada de Banisteriopsis (vine), nativa de la selva del Amazonas. A veces se mezclan, Banisteriopsis caapi (vine) y Psychotria viridis (bush).

Produce vómitos intensos, aumenta visión y audición al punto alucinatorio, resolviendo conflictos internos por la claridad que trae. Además de traer una comprensión de la naturaleza que mejora comunicación con el mundo espiritual.

Quienen la probaron experimentaron: sueños de estar muriendo, o que su mejor amiga-o muere enfrente de él, horror al sentir que sus padres son asesinados enfrente, personas muriendo. En homeopatía esto significa que sirve para sanar síntomas de personas que experimentan en la vida real esta experimentación por la ley homeopática de sanar síntomas similares del remedio a los síntomas de la persona.

Otros síntomas que cubre son: sensación de sentirse alejado, paz con soledad, deseos de irse a su hogar. Los sueños estuvieron relacionados en la esfera sexual con abuso, o comportamientos extraños en esta área. Incluye síntomas de pensamientos suicidas.

A nivel físico: falta de sueño por miedo, o por descanso sin recuperación o no haber dormido bien. Agravación por alcohol y deseo por dulces.

En Brasil ha dado resultados efectivos para combatir drogadicción y alcoholismo.

- La ayahuasca se puede usar en las siguientes combinaciones con resultados muy efectivos:
- Ayahuasca-Silica-Ignatia: mejora lazos destructivos entre padres y el niño.
- Ayahuasca-Arnica-Roble: heridas graves de la columna.
- Ayahuasca-Syphilinum: ansiedad inconprensible debido a energía parental o ancestral.
- Ayahuasca-Arsenicum-Roble: útil en estados terminales de enfermedad.
- Ayahuasca-Ignatia-Esmeralda: pena inconsolable, difícil de expresar, prefiere ser enterrado.

Claudio Naranjo, quien murió hace poco, investigó mucho sobre sus poderes curativos.

Cannabis Indica

Se cataloga en la familia de las cannabiáceas o humulus y se conoce como marihuana o marijuana, que viene desde México: maryjane y o del portugués mariguano que significa intoxicante. Se conoce desde el viejo testamento por sus propiedades aromáticas que cuentan que su aceite sagrado dado por Dios a Moisés para prepararlo durante el Éxodo, este aceite contenía además mirra, canela dulce, cannabis (Kaneh Bosm, cáñamo aromático o Kanabus en hebreo) y cassia (Kassia), él cual era un aceite para unción sagrada. En el siglo XIII, también Marco Polo supo de su existencia a través de sus innumerables viajes.

Uno de sus componentes es thujone el cual se encuentra también en otras plantas, como Jjuniperus sabina, thuja, matricaria, artemisia absinthium.

Entre muchas de sus propiedades biológicas es alucinógena.

En la India fue usada en la época védica como sagrada, antidepresiva y aliviadora de penas. Ellos la llamaban Hemp (Hachís).

En Europa llegó después de la invasión de Napoleón a Egipto, luego fue usada en Grecia para inflamación, edema, dolor de oído, en África se usaba para las hemorroides, en Estados Unidos se usó como estimulante para el apetito, para casos de gonorrea, reumatismo, bronquitis crónica, en Inglaterra fue introducida en 1842 para reumatismo, inflamación, dolor de gota, entre otras.

Hoy aún se usa para glaucoma, múltiple esclerosis, dolor de espalda, artritis.

Actualmente se ha investigado como eficaz para mejorar movimientos en Parkinson.

Usada bajo la forma de cigarrillo para fumar causa intoxicación y estados alterados de consciencia. Más sin embargo usada recreacionalmente puede incrementar la agudeza para escuchar música, relajar, incrementar los sentidos. Lo que puede llevar a la psico-dependencia.

En esta parte es fundamental que la persona tenga un centro muy fundamentado en sus búsquedas propias y esté en capacidad de investigar sobre sí misma o compartir rituales con otras personas como se hace ceremonialmente en algunas tribus. Lo que hace una gran diferencia cuando se usa como terapéutica.

Igualmente, si es usada por mujeres embarazadas, causa estragos futuros en el bebé o adultos, tales como narcolepsia, falta de concentración, pérdida de peso. Conocí un caso de padres que ambos consumieron y su hijo nació sano, pero con problemas de narcolepsia, en otro caso de padres fumadores o adictos, la hija era normal pero tenía problemas con la concentración y dentro de su forma de expresión oral y de movimientos se manifestaba lentitud.

Como medicamento homeopático, se puede usar para cortar las adicciones con su uso y esporádicamente en una potencia alta podría inducir a tener un sueño donde la percepción se amplía.

Desde la visión homeopática se contempla si una persona tiene raíces hereditarias de adicciones que vienen ancestralmente o por algo que en homeopatía se llama miasma, que en el caso de las adicciones es el sifilítico o auto-destructivo, actualmente llamado también luesis.

La persona en cuestión se puede decir que tiene un chip del cerebro adictivo: cigarrillo, alcohol, azúcar, drogas, incluyendo las adicciones emocionales.

Esta, como homeopatía se usa para confusión, olvido, miedo a perder control, sensación de separación del cuerpo y del alma, encontrarse atascado entre dos mundos, risa inmoderada, miedo de la oscuridad, clarividencia y sueños proféticos, confusión de identidad. En la experiencia la he usado para personas que se han vuelto adictas a la marihuana, usando previamente una limpieza con dos remedios que ayudan a limpiar adicciones: sulphur y nux vómica y seguidamente suministrar la potencia en homeopatía que requiera la persona de cannabis índica; las potencias van desde síntomas físicos a síntomas, mentales, lentitud del tiempo, sensación de dualidad, sentirse viviendo entre dos mundos, a menudo con la sensación de separación del cuerpo y el alma, olvido de palabras o de ideas; o síntomas emocionales del pasado, ya que es posible a través de la homeopatía ir a una época de niñez, adolescencia o atrás en la historia biográfica para sanar las diferentes capas. Lo que recomiendo desde la homeopatía es que no hay que volverse adicto a nada y hay que trabajar en eliminar hábitos que no mejoran la salud, en especial que actualmente la naturaleza nos brinda siempre soluciones.

Jo que he visto como efecto secundario común en consumidores adictos de la marihuana como cigarro, fue en su edad madura: problemas en concentración, falta de memoria, a veces lentitud en ciertas reacciones, aclaro que no tengo un grupo grande pero es una observación a tener en cuenta, ya que sí conocí hijos de adictos de la época de los hippies y uno de ellos por ejemplo nació con narcolepsia, que es una disfunción que no afecta su consciencia pero a la persona le da sueño a toda hora y de un momento a otro, igualmente comportamientos de lentitud en algunas funciones cognitivas.

Su uso definitivamente relaja, pero volverse adicto es otra cosa, además de que ahora han sacado gotas, las cuales también hay que saber usar. Deberían ser prescritas, para manejar el tema de la responsabilidad de las sustancias.

Opium

Generalmente la uso, para muchos pacientes que tienen miedos irracionales y que no saben a qué. Es maravillosa para sanar miedos ancestrales y para visualizar alguna vida pasada relacionada con algo por resolver en el presente y generalmente la suministro para ser tomada solo una dosis en potencia alta antes de ir a la cama: a través del sueño viene la información.

Pertenece a la familia de las papaveráceas. Linneo contó treinta y dos mil semillas en una sola cápsula. Burma es uno de los grandes productores de opium, seguida por Afganistán, Colombia, Pakistán y México. Fue cultivada en Persia y Mesopotamia. Se describía por los sumerios, como la planta de la felicidad, porque inducía al sueño y al final del dolor. Fue usado para las tumbas en los egipcios, por los griegos y romanos. En la mitología griega Hypnos y Somnos, usaban flores de amapola. Igualmente, Hypnos y Thanatos (dios del sueño y de la muerte) usaban una corona de ampolas para mostrar que el sueño inducido por el opium puede llevar a la muerte.

Los alcaloides del opium son de dos tipos dependiendo en su estructura química: morfina, codeína y tebaína que representan el tipo morfiníco que actúa sobre el sistema nervioso y el papaverino que ayuda a relajar los músculos.

Hipócrates lo usó para problemas internos de la mujer, luego fue retomado por Paracelsus quien creó un brandy de amapolas, que junto con azafrán, canela y clavos en brandy o vino canario, se convirtió en medicinal.

La morfina permite que salga histamina, ampliando las venas de la piel

Dentro del simbolismo eleusino las amapolas fueron ofrecidas a Deméter, cuentan que ella, cuando perdió a Perséfone, encontró confort en el joven Mecon a quien convirtió en amapola por aliviar su dolor y poder dormir después de la pérdida de su hija.

Más adelante las amapolas se convirtieron en símbolo de rememoración.

Como remedio homeopático tiene afinidad con la mente, los sentidos, los nervios, la respiración, el cerebro, el tracto digestivo, los pulmones.

La principal delusión es sentirse lejos del hogar. Luego hablaré de queé significa esta palabra relacionada con descodificación.

Las siguientes son también coadyudantes para inducir estados de sueño, más usadas como culinarias, o medicinales.

Sueños después de Opium homeopático

Una de mis pacientes vino a consultar sobre un caso de su pareja y sus dudas acerca de que por ser muy frío sexualmente existía la duda en ella de que fuese gay. Para ello se administró una sola dosis de Opium 10M y ella soñó de inmediato con su esposo en una vida pasada donde había sido sacerdote y evidentemente fue la información que sirvió para aclarar en esta vida y en la relación, de donde le venía la apatía en el plano sexual, lo cual ya se aclaró más adelante con él, desde la resolución de la información que traía de otra vida. Este remedio lo uso bastante para el solo miedo a existir y para sanar ancestros. Funciona muy bien para sanar miedos del pasado.

Nuez Moscada: Myristica Fragans, árbol nativo de Indonesia

En exceso, hay distorsión del tiempo, espacio y percepción. En una experiencia con nuez moscada (dos cucharaditas) en polvo, espolvoreada en la almohada antes de ir a dormir condujo a una mujer a la experiencia de volar y estar despierta en su sueño, pudiéndolo terminar cuando quiso volver. En general produce sueños vívidos. De alguna manera tiene en homeopatía efectos similares a cannabis índiga. Algunos de los síntomas son volubilidad, clarividencia, soñar despierto, confusión, elevarse, desvanecimiento de pensamientos, reírse y luego llorar.

Es una de las más alucinógenas, como especie, es conocida en ayurveda como la nuez o fruta narcótica. De acuerdo a su forma nutre la glándula pineal que tiene una relación cercana al universo de los sueños y sus mecanismos.

Hierbas que pueden ser coadyuvantes en sueños

Las siguientes son hierbas que tomadas como tisanas, té o infusión antes de ir a la cama para mejorar el descanso y por ende tranquilizar el sistema nervioso y sueño:

Passiflora incarnata: Passiflora Incarnata (Flor de la pasión). Se usa como tintura de la flor para ansiedad, sistema nervioso, insomnio por cansancio, dolores neurálgicos, en general es sedativa para el insomnio, espasmos musculares. En casos de asma, palpitaciones y anormalidades en el ritmo cardíaco, el uso de la pasiflora, es muy efectiva. Fue descubierta en Perú en 1569.

Valeriana officinalis: Eesta hierba ha sido reconocida por muchos siglos. Como calmante y relajante muscular ayudando a promover además el sueño. Ayuda también a recordad los sueños. Disminuye el estrés y la ansiedad. Se usa para reducir convulsiones o temblores leves. Util en caso de síndrome de fatiga crónica. Es antiinflamatorioa. Alivia el dolor de cabeza. Se debe evitar durante el embarazo. Se prepara también en forma de teé. Mi madre la mezcla con cáscaras de manzana y es muy efectiva.

Tila: tranquiliza sistema nervioso y ayuda a dormir mejor. Combate el nerviosismo, el estrés y el insomnio. Su beneficio más conocido es luchar contra los estados de estrés, ansiedad y nerviosismo. Es un diurético natural y elimina toxinas. Alivia el dolor de cabeza. Trata la hipertensión. Pelo más brillante.

Chamomilla (Manzanilla): se usa como remedio homeopático y como remedio floral y herbal para calmar y sedar personas irritables o para tomar como infusión antes de acostarse y relajar. Como medicamento homeopático tiene mucha utilidad en personas con mucha rabia, o niños con tantrum que se tiran al suelo y tienen pataletas donde la rabia es el principal componente. Se usa también para cólicos, impaciencia, dolores intolerables. En cosmética, la manzanilla se incluye en diversos productos por sus propiedades tónicas. Esto ayuda a limpiar, aliviar la piel, cerrar los poros y prepararla para la hidratación. Antiinflamatoria y vasodilatadora: La manzanilla también es vasodilatadora, es decir, que promueve la relajación de los músculos que controlan el tono muscular de los vasos sanguíneos. Esto viene a ser muy útil porque ayuda a desinflamar y relajar zonas hinchadas y adoloridas. La infusión de manzanilla puede ayudar a brindar alivio en caso de espasmos, inflamación, fiebre, dolores estomacales, diarrea, hemorroides , síndrome premenstrual .

Avena Sativa: la tintura de esta planta además de ser muy buena para adicciones, es relajante del sistema nervioso y ayuda a tranquilizar si se toma antes de dormir. Nutre el cerebro. Ayuda en stress y debilidad nerviosas. Es excelente para insomnio crónico. Se puede combinar con la Passiflora para mejorar resultados.

Actualmente hay varias plantas de poder que conectan también de una manera rápida y ceremonial con el inconsciente, igualmente con el sin tiempo, ya que se puede viajar tanto al pasado, como al futuro pero también a un lugar donde está la fantasía o espacios astrales. Para ello se requiere una educación en su uso, el saber sus propiedades como plantas de poder, como medicamentos homeopáticos y en qué momentos son requeridas de una manera terapéutica.

Hierbas que ayudan a sueños lúcidos

Los sueños lúcidos son aquellos donde estamos observando desde el observador, los datos del sueño de una forma detallada y vívida. He hecho una recopilación de algunas de las plantas que actualmente han mostrado sus virtudes de expansión de consciencia en especial en el campo de actuvar loss sueños lúcidos.

Banisteriopsis Caapi Ayahuasca Yagué, Psychotria Viridis. Se le llama por ser del Amazonas Yagué en Colombia, Ayahusasca en Ecuador y Perú: «Vino de las almas, vino de los muertos».

Aya significa en quechua «espíritu, ancestros», mientras *Huasca* significa, «vino, soga y cuapi». En Brasil, es preparada con el brebaje de las especies de *bífera banisteriopsis* que pertenece al genio de las malpigiáceas.

Usos importantes: Alergias, autismo, cáncer, asma fatiga, clarividencia, delusiones varias, problemas digestivos, drogas, abuso, efizema, alucinaciones, insomnio, Parkinsón, parálisis, escoliosis, abuso sexual, control de parásitos y lombrices.

Los sueños después de Ayahuasca pueden darse de miedo, de alegría, de cansancio, de animales, de reptiles, cruzando puentes, flotando, de instrumentos musicales, de alimentos, de eventos con viejas amistades, de rabia, de enemigos, de crueldad, de muerte, de haber sido herido. Oídos escucha todo a gran distancia.

Ojos: Visión aguda donde se ven imágenes superpuestas. Femenino: pérdida de líbido después de usar drogas alucinógenas. Mucha sexualidad que lleva a masturbarse. Sexo sin sentimientos, abuso sexual, prolongados períodos. El efecto dura algunas semanas después de estar en una ceremonia para la cual hay que prepararse.

Personalmente tuve un par de experiencias de Ayahuasca como rito de iniciación y sanación en Medellín con un Taita del Putumayo quien vino a una finca donde vivía y junto con un grupo de amistades cercanas de mi grupo de meditación y dos de mis hermanos nos preparamos para esta experiencia con una dieta vegetariana para aquellos quienes comían carne una semana antes, y el día anterior a la experiencia la cual se realiza en un lugar campestre cercano a la naturaleza., se hace en la noche preferiblemente, se hacen cánticos de los cuales se encarga el shamán y las personas de acuerdo a su estado evolutivo, comienzan a depurar el organismo a través de vómito o de ir al baño.

Después de esta limpieza cada persona entra en su propia experiencia propia de visión abierta y estado amplificado de consciencia donde se unen pasado, presente y futuro y se tiene la oportunidad de sanar inclusive lo que se tenga por venir de lo cual se reconozca.

En el grupo de quienes hicimos esta experiencia hace unos veinticinco años, había mucha afinidad por lo que los estados que se vivencian son muy vívidos y a menudo en interacción con el otro se amplía aún más la visión al unir cuerpos etéricos.

Es algo potente, de mucha responsabilidad y solo para un momento especial de la vida, no como algunos shamanes que lo hacen actualmente por negocio y están desforestando en especial en la zona del Amazonas.

San Pedro o Wahachuma trichocereus: cactus que crece en Bolivia, Perú, México y Ecuador, es un alucinógeno natural. Contiene mescalina se usa en ceremoniales. Tiene efectos alucinógenos.

Calea Zacatechichi: Zácate de perro, hoja de Dios o hierba de los sueños. Hierba mejicana que clarifica sueños, es usada por los indígenas de Oaxaca, los Chintal, tiene un sabor amargo pungente y puede ser tomada en te o fumada con hojas secas, antes de ir a la cama. Sus efectos son de mente clara, y sensación de bienestar, se encuentra a menudo a través de su ingestión con el ángel guardián.

Peyote: Es nativa de los desiertos de México y el sur de Texas, se ha utilixado desde tiempos remotos para sanación, es una mensajera de los Dioses. Los Huicholes la usan en sus ceremoniales anuales

Psilocybin: Hongos. Fueron conocidos durante los tiempos de los aztecas como hongos mágicos.

Artemisa Vulgaris (Mugwort): trabaja en el plano astral, ha sido usada por muchas culturas para viajes astrales y sueños proféticos, además limpia el hígado, no se debe usar en embarazadas, puede causar alergias en personas sensibles, es de la familia de las asteráceas (daisy) se usa bajo la forma de té. Muy común en las Américas, Europa y Asia.

En los tiempos medievales se conoció como *Cingulum Sancti Johannis*, a raíz de San Juan el Bautista, quien usó un cinturón mientras viajaba de esta hierba. Se conoce también entre los celtas en su mitología. Se cuelga en las puertas o se quema en incienso para liberar energías estancadas o prevenir enfermedad. Mugwort es conocida como *Molush* por los indios Chumash de California su nombre se traduce como «planta de sueños». A menudo es fumada por indígenas y su poder está contra malos espíritus y enfermedades. Se conoce por sus efectos en los sueños, magnifica los colores e imágenes. Se toma como té, o fumada en pipa sagrada.

Heimia Salicifolia (sun opener): memoria de viajes internos, usada por los aztecas llamada *Sinicuichi* (que abre el sol), es considerada sagrada y ayuda a recolectar eventos pasados, incluyendo antes de nacer. Incrementa la percepción acústica y la visión.

Celastrus Paniculatus (planta del intelecto): se usa en la medicina ayurvédica de la India, sus semillas son a través de su aceite buenas para la memoria y los sueños, mejora la agudeza mental. Es una especie de tónico cerebral.

Silene Capensis (Xhosa dream root): para sueños proféticos. Es una planta sagrada del África, sus raíces son usadas por shamanes para sueños proféticos, es una planta maestra sagrada que enseña a través de su experiencia con ella. Su raíz contiene *AchEi*, por años ha sido usada allí para conectar con ancestros, a los que en África se refieren como los espíritus blancos. Tiene efectos purgativos y limpiadores para limpiar la mente y el espíritu. Cuando se usan estas hierbas deben suministrarse bajo supervisión shamánica y ceremonial, de lo contraria pierden su valor sanador.

Nymphea Caerulea (blue lotus): Sueños profundo. Su nombre original es loto egipcio azul, de las Nymphacea Caerulea, es un loto de agua, fue usada en el antiguo Egipto como sedativa ayuda en casos de insomnio, induce también a sueños lúcidos. Se toma en forma de teé o de elixir o fumándola.

Asparagus Racemosus (Tian Men Dong): Alineadora del espíritu o hierba celestial es conocida en ayurveda como *shatawari*, usada por shamanes, monjes y yogis para abrir el corazón. En sueños se conoce como «la hierba voladora», induce a relajación y ayuda al estrés. Se dice que ayuda a volar a través del universo durante la noche, trayendo sueños magníficos. Se conoce en la medicina china por su efecto positivo en disolver las dualidades que vienen con nuestra encarnación física: negro frente al blanco, etc. Permite a nuestra consciencia florecer en el infinito mientras dormimos. La mejor forma es preparar un té con la raíz seca, viva será más potente.

Entada Rheedii (fríjol africano): comunicación con espíritus. Ayuda a penetrar el mundo de los sueños.

Las piedras y sus propiedades para ayudar en los sueños

Las piedras no solo se usan para activar sueños sino también para protección.

La turmalina negra, es una piedra que uso como protectora cuando dicto conferencias para ayudar el campo aúrico a estar en vibación alta de acuerdo al lugar.

Otra piedra que ayuda a proteger es la amatista, en general los cuarzos.

Cuando se habla de ayudas en recordar sueños se trata de elementos de los diferentes reinos: mineral, vegetal y animal que nos ayudan a expandir consciencia, a estados meditativos y clarividencia.

Mi experiencia con las piedras es amplia ya que mi trabajo de grado en naturismo fue acerca de las piedras en la sanación y lo realicé enfocado a cómo colocar determinadas piedras con microporo de acuerdo al órgano y a la enfermedad o problemática.

Las propiedades de los cuarzos transparentes son bastante reconocidas para grabar información. Se pueden destinar algunos ya limpios y cargados, a la luz del sol y de la luna debajo de la almohada.

El cuarzo shamánico es el que mejor resultados tiene con amplifcar la resonancia de ese momento donde se dan los sueños lúcidos, los cuales suceden en general al amanecer.

La otra piedra que encontré muy poderosa para estados meditativos es la llamada *moldavita* la cual expande la visión y tiene efecto de acuerdo a cada persona sobre la glándula pineal. Hay que tener cuidado cuando la persona es muy sensible porque para el uso de sustancias, piedra, hay que mirar la susceptibilidad de la persona, saber cerrar el campo aúrico, la mejor protección es el «yo soy» y rodearse de luz como práctica cotidiana.

La selenita por ser piedra lunar, conecta con el ciclo de la luna.

Otra que es muy buena para recordar es la *amatista*, es bueno tener estas piedras alrededor de nuestro ambiente ya que ellas tienen su propia vida y vibración, no es una vibración tan evidente como la de las plantas y animales, pero es bastante poderosa, en especial cuando mantenemos el contacto con ellas, lo que le da vida y ellas sus propiedades a nosotros.

La azurita ayuda a la intuición, estimula la comunicación con guías espirituales y ayuda a salir del cuerpo o a que viajes fuera del cuerpo sean más fáciles.

Limpia estrés, pena y preocupación, transmutando miedos y fobias

La glándula pineal, asiento del alma

Se dice que la glándula pineal está relacionada de alguna manera con el alma, los orientales aseguran que esta glándula es un tercer ojo atrofiado, Llos orientales aseguran que esta glándula es un tercer ojo atrofiado.

Desde el punto de vista corporal esta glándula juega un papel muy importante en el sueño y por ende en uno de los factores importantes de la salud, como el dormir bien. Al producir los neurotransmisores serotonina y melatonina los cuales se activan en su orden el primero con la luz y el segundo con la oscuridad, son reguladores del ciclo del sueño en cada persona. Estos se desestabilizan si la persona no escucha su cuerpo y cuando la oscuridad comienza a enviar señales al cerebro para producir la melatonina que induce al sueño el cuerpo está avisando que es el momento de ir a la cama a descansar y reponer fuerzas. Quienes no lo hacen rompen su ciclo natural y comienzan a tener problemas de insomnio.

La glándula pineal está situada en la parte posterior del cerebro. Esta glandulita tiene tan sólo cinco milímetros de diámetro. La glándula pineal es un pequeño tejido rojo-gris, está íntimamente relacionada con los órganos sexuales. Evolución y desarrollo.

De otro lado es a través de la glándula pineal se facilita el entrar en estados alterados de consciencia, los cuales pueden ser producidos por formas externas a través de drogas alucinógenas las cuales pueden atrofiar su funcionamiento normal, pero también a través de ejercicios para activar esta glándula. Uno de los que he practicado con resultados fabulosos es el de subir montañas con cierta altura, concentrada en la respiración, en la medida que se respira en zonas de mucho plana esta oxigenación abre de inmediato la pineal. Dentro de nuestro laboratorio alquímico cerebral el cual apenas estamos conociendo se sabe que la pinolina es secretada entre la 1.00 a 3.00 de la mañana y este es el momento ideal para tener sueños lúcidos, la pinolina tiene un contenido alucinógeno que ayuda a tener visiones proféticas y permite pasar al no tiempo a aquellas esferas subconscientes más profundas.

Por eso aquellas personas que trasnochan de cierta manera están desconectadas de esta posibilidad que tiene el cuerpo de una manera natural. Con la edad estos neurotransmisores disminuyen y por eso algunas personas se ayudan con suplementos de melatonina, los cuales ayudan a inducir el sueño.

Existen alimentos que por su contenido nutricional alimentan esta glándula, es sabido que aquellos que tienen la forma de la glándula pineal ayudan al órgano, tenemos por ejemplo la nuez moscada, las nueces, el plátano, las cerezas, los tomates, entre otros dependiendo de la dieta de cada persona y lugar.

Existe otra forma de activar la pineal aún inexplorada por el desconocimiento de la energía sexual y la Kundalini, éste es un capítulo aún por develar en otro momento cuando la humanidad haya avanzado un poco en este campo.

Los yogis de la India aseguran que la glándula pineal es la ventana de Brahama, el ojo de diamante, el ojo de la polividencia que mediante cierto entrenamiento especial nos da la percepción supraconsciente.

Las secreciones de las glándulas endocrinas son absorbidas directamente por la sangre. La sangre arrastra todas las secreciones de las glándulas endocrinas a otros órganos o glándulas, que entonces se ven impulsadas a un mayor esfuerzo, a un trabajo más intenso. La palabra hormona viene de una palabra griega que significa «excitar». Realmente las hormonas tienen el poder de excitar a todo el organismo, de obligarlo a trabajar.

La glándula pineal se activa a través de mantener la respiración cósmica, la cual se practica en Chikung y en sexualidad sagrada que es equivalente a nutrir esta glándula a través de llevar la energía desde el chacra raíz a la coronilla y luego exhalar esta respiración por la espalda regresando al chacra raíz. Mantan Chía tiene muy buenos ejercicios y técnicas.

La otra forma de activarla es a través de la meditación y la música adecuada para activarla. No solo a través del ejercicio, la alimentación, el tomar sol, también de tomar consciencia de nuestro cuerpo físico y activarlo a través de la comunicación con él.

En el siglo cuarto, Posidonius de Byzantium (final del siglo IV A.C.), teorizó que la imaginación se debe a la parte del cerebro, localizada en el ventrículo del medio. Muchas más personas teorizaron al respecto, pero fue René Descartes (1596-1650), famoso filósofo y matemático, quien en su libro *Treatise of man*, no describió al hombre, sino una especie conceptual del hombre, una criatura creada por Dios, que consistía de dos ingredientes, un cuerpo y un alma. En su teoría, la glándula pineal formaba parte importante ya que envolvía las sensaciones, imaginación, memoria y la causa de movimientos corporales.

«Los nervios son tubos huecos, además contienen pequeñas fibras que llegan de un lado a otro, estas fibras conectan los órganos sensoriales con pequeñas válvulas en las paredes del ventrículo del cerebro. Cuando estos órganos son estimulados, partes de ellos son puestos en movimiento. Estas partes entonces jalan de las fibras, que resulta en el que se abran las válvulas, algunos espíritus de animales en los ventrículos cerebrales escapan, y una imagen de baja presión del estímulo sensorial aparece en la superficie de la glándula pineal. Es esta imagen, que entonces causa percepción sensorial de blanco, cosquillas, dolor, etc. Pero no se imprime en los órganos sensoriales externos, ni en la superficie interna del cerebro, cuales se deben tomar como ideas reales, de aquellas que se pueden trazar como espíritus en la superficie de la glándula H (donde se encuentra la imaginación).

De ahí podemos ir al día de hoy, donde se conoce que la glándula pineal tiene cuatro funciones principales empezando por causar sensación de sueño, convertir señales del sistema nervioso en señales endocrinales, regular las funciones endocrinales y secretar la hormona melatonina, hormona que ayuda a regular el proceso de pubertad y ayuda a proteger al cuerpo de daño a células causado por libres radicales.

La mención de los animales de poder y como fluyen por el cuerpo, hablado por un filósofo y matemático importante de nuestra historia, se habla de la habilidad de ver más allá de lo que vemos y se habla de cómo hemos perdido la capacidad de ver y como se supone vayamos dirigidos a evolucionar a un mundo de clarividencia, pero no sucede. Son pocos los casos y muchos los incrédulos porque no ven. ¿Por qué la mayoría de la gente no puede ver?»

Resulta que hasta antes de 1990 no se había hecho estudios prolongados en la glándula pineal, entonces la dra. Jennifer Luke, de la universidad de Surrey en Inglaterra, llegó al meticuloso descubrimiento de que la glándula pineal es el blanco principal de la acumulación corporal de fluoruro. El tejido suave de una glándula adulta, contiene más fluoruro que cualquier otro tejido en el cuerpo, a un nivel de cerca de 300 ppm, con la capacidad de inhabilitar enzimas.

La glándula también contiene tejido duro (cristales de *hyroxyapatite)* y este tejido acumula más fluoruro aún, con un máximo de casi 21000 ppm más aun que los dientes o los huesos. Luego de este descubrimiento, el dr. Luke se dedicó a experimentar en animales para determinar si la acumulación del fluoruro podía impactar el funcionamiento de la glándula, principalmente de la regulación de melatonina. El resultado fue que los animales tratados con fluoruro reflejaban niveles reducidos de melatonina en la orina. Esto acompañado de una más rápida pubertad, acelerando el proceso de crecimiento en el animal.

Sus hallazgos fueron resumidos de la siguiente manera: «En conclusión, la glándula pineal humana contiene la mayor concentración de fluoruro en el cuerpo. El fluoruro está asociado con la depresión de la síntesis de melatonina pineal en gerbils prepubertos y en un acelerado proceso de maduración sexual en los gerbils femeninos. Los resultados fortalecen la hipótesis de que la glándula pineal tiene un rol en la duración de la pubertad. Interfiera o no el fluoruro en las funciones pineales requerirá más investigaciones para llegar a una conclusión concreta».

12
LA ASTROLOGÍA EN RELACIÓN CON ELEMENTOS ACTIVADORES EN LOS SUEÑOS

Luna en casa 12

La casa 12 es la última casa de la carta natal, la última del cuarto cuadrante, casa cadente y de agua. Se le llama la casa del karma, de las vidas pasadas y hay otros que la llaman la montaña rusa, por los secretos que esconde.

Cuando alguien nace con la Luna en la casa 12, nace con las emociones «enclaustradas» en el terreno del subconciente. A esta persona le cuesta mostrar lo que verdaderamente siente, son gente que son «muy suyas». Dependerá mucho en qué signo se encuentra. No es lo mismo que se encuentre en una casa de agua que será doblemente emocional y todo más intenso que en casas de otro elemento: arie, tierra, fuego. Estas personas tienen *«un sexto sentido»* en lo que respecta a «saber qué es lo que piensan o sienten los demás». Deben aprender a separar emociones propias de los demás, esto también se puede dar con Neptuno en esta casa. Son esponjas psíquicas.

Sus sentimientos están influenciados por las experiencias marcadas del pasado.

Mucha fusión entre lo personal y lo colectivo que hay que aprender a separar.

Tienen mediumnidad, intuición, necesitan aislamiento, deseo también de retornar a la gran madre, situaciones de la madre durante el embarazo que influyeron en la parte emocional,

Luna en Piscis, como ejemplo de signo de agua, tiene imaginación creativa, la ensoñación permite aspirar a conocer la realidad de otros mundos, pero primero hay que re-ordenar el propio, con esta Luna se busca la seguridad en la intimidad y la tendencia será a la introversión, al retiro y la reflexión como mecanismos de supervivencia.

Se elige a menudo pasividad para no llamar la atención y se prefier esperar a ver cómo evolucionan los acontecimientos antes que involucrarte y participar activamente.

Esta Luna es soñadora, imaginativa, pacificadora y reconciliadora, por ello, ansías un orden interior que a menudo te cuesta encontrar entre tanto caos externo. Esta Luna es pacífica y dada a los encuentros, a las intimidades, a la búsqueda interior, al descubrimiento del sentimiento como paso previo para desarrollar el orden personal.

Inclinación por fluir y sentirse bien, no te gustan las reglas ni los dogmas, ni los conflictos.

La astrología es un mandala de vida donde se actualizan contenidos de acuerdo a escenarios e influencias planetarias y todas aquellas dinámicas que se mueven en una carta natal de acuerdo a movimientos celestes.

Para comenzar, el aspecto de propósito y de brillo desde el sol en una carta y el que este sol se encuentre en una de las 12 casas que sea la apta para el cumplimiento del destino de cada persona, configuración que se da de acuerdo a la hora de nacimiento y desde allí aparece otro signo importante llamado ascendente, desde donde arranca el escenario de vida y la luna marcando el comportamiento emocional y ancestral desde donde esta luna se encuentre ubicada. Obviamente que desde el sol y la luna hay signos que ofrecen una afinidad natural y un sentido de hospitabilidad para que ellos cumplan su papel, más en armonía con el significado de los elementos.

Además de las luminarias y el ascendente, los planetas y el lugar donde se encuentren ubicados, también marcarán una configuración más propicia desde los elementos para que planetas como Neptuno, Mercurio, Venus, en las casas del agua tendrán su relación más cercana a activar los sueños de igual manera dependiendo la casa y el signo afín.

La luna que representa la parte femenina, el pasado, los ancestros, la madre, la intuición también desempeña un papel importante en una carta para conectar con la psique dependiendo donde se encuentre y bajo qué aspectos.

Al hablar de las casas como escenarios propicios para que los sueños florezcan, se recuerden, estén presentes, haya movimiento desde lo inconsciente hay casas más propicias como por ejemplo la casa 12, la cual es el lugar de retiro, de encierro, de reflexión, de la etapa prenatal, del inconsciente activo y al ser su signo en un zodíaco pasivo Piscis es una casa natural de agua donde el sumergimiento en las aguas de lo que se mueve desde planetas tendrá su reflejo en el psiquismo, Al tener un zodíaco en movimiento, por ejemplo tener a escorpio en casa 12, de igual manera al ser un signo de agua y dependiendo el planeta que se encuentre allí, habrá un significado diferente en lo relacionado a la forma como se presentan las distintas clases de sueños, contempladas desde los arquetipos y signos astrológicos.

La casa doce y los sueños

Esta casa en un Zodíaco pasivo es la casa de piscis cuyo planeta regente es Neptuno desde la astrología contemporánea y Júpiter desde la tradición, es llamada la casa de reflexión, donde estando consigo mismo en el espacio sagrado propio se manifiesta el inconsciente en su lenguaje, bien sea a través de la meditación o de los sueños, dependiendo del tipo de reclusión o tranquilidad que se tenga en esta casa dependiendo el signo que se encuentre en ella vendrán conexiones e información clave para lo cotidiano. Esta casa es también la casa del tiempo en el vientre materno,, los finales y cierres de ciclos, el aislamiento y las dificultades crónicas, los secretos más antiguos, lo sublime, lo místico, las tendencias subconscientes e inconscientes,los temores irracionales, renuncias a cosas materiales,los monasterios, cárceles, hospitales, encierros en general o forma de aislarse,enfermedades de larga duración, la disolución del ego, estados del alma, planetas en esta casa son puertas que se encuentran tras su umbral: Animas Mundi: el alma de las almas. Cómo se vivió época en el vientre materno., exilio forzado o voluntario.

Desde la mirada de la astrología se puede ver que predispone a aquellas personas que tienen facilidad para navegar en el mundo onírico de una manera más fácil y natural.

En general las casas regidas por el elemento agua son muy psíquicas: cáncer con su animal arquetípico lunar: el cangrejo , escorpión con su regente Plutón de transformación y muerte renacimiento y piscis con su sensibilidad y planeta regente Neptuno que a veces facilita salirse de esta realidad y penetrar el psiquismo universal.

Cuando estos signos de agua se encuentran en casas con planetas que las activan es otra forma de entender en una carta, no solo la conexión psíquica, sino también la facilidad para ver a través de los sueños.

Se puede dar también el caso por ser la carta natal un mapa de vida que muestra todo como parte de una totalidad, que en tres casas haya aspectos favorables entre planetas para que ellos también potencien el psiquismo para tener facilidad para los sueños.

Neptuno y sus mecanismos de disolución o unión

Neptuno ayuda de forma suave a salir del apremio de la adaptación falsa, despacio y sin romper. En el caso donde el apremio es tan fuerte, donde la situación interior no está conviviente con la forma de la vida, donde el ahogo para la psiquis es enorme, Neptuno eleva el alma, hace de anestesia para el alma, está insensible y ciego contra el apremio de la adaptación

Neptuno es el planeta que ayuda gentil y suavemente al individuo a salirse de la presión de los conformismos despacio, gentilmente, como si flotara en el espacio. Donde quiera que la presión de conformarse lleve a sentimientos de culpa, donde quiera que la vida interior del individuo ya no esté en armonía con su forma exterior, donde quiera que la opresión de la psique sea demasiado fuerte, entonces es cuando empiezan a funcionar los mecanismos de Neptuno. Se estimula la actividad hormonal de la glándula suprarrenal proporcionando los medios para elevar la psique, paralizándola e insensibilizándola a la presión de los conformismos.

La liberación de Neptuno en la carta natal indica el abandono de la vida que uno ha estado llevando, una pérdida del sentido de las necesidades de la realidad concreta-indica el "partir a través del océano", la inmersión en el océano de la inconciencia, el descubrimiento de la verdad efectiva. Se trata de la historia bíblica de Jonás y la ballena.

Cuando los símbolos exteriores de la vida ya no son congruentes con la identidad reprimida, el inconsciente se traga al control consciente, al igual que hizo la gran ballena con Jonás (Piscis, los peces-Neptuno). La percepción consciente del entorno ya no alcanza a la psique, ya no condiciona a las emociones; ahora emerge lo inconsciente, lo que ha estado reprimido, se mueve, se irrita. Se rompe el control consciente. Desciende la oscuridad de la inconsciencia.

Siguiendo con este proceso de liberación de los convencionalismos de la vida, de liberación de la opresión del alma, Jonás (el yo consciente) es vomitado por la inconsciencia y devuelto a la tierra seca de la conciencia.

Durante esta fase Neptuno, se corta, se disuelve la conexión entre la propia percepción consciente del entorno concreto y la propia reacción emocional a esta percepción. Surge un sentimiento de apatía hacia las exigencias del mundo real, una parálisis de sentimientos, una insensibilidad emocional hacia lo que está sucediendo alrededor de uno. Los mecanismos de Neptuno corresponden a la producción de endorfinas- supresores del dolor endógenos que se encuentran en los mecanismos de control del diencéfalo. La existencia de esas sustancias fue descubierta durante experimentos de investigación científicos y hecha pública en octubre de 1977. De acuerdo a la opinión astrológica, esas endorfinas se producen en conexión con una disfunción sintomática del sistema suprarrenal, y ya se presumía su existencia incluso antes de su descubrimiento.

Neptuno es el regulador de la doceava fase de desarrollo. Es la primera etapa en la suspensión de la subjetividad, la etapa en la que el individuo es elevado de la dualidad de las experiencias directas y en la que la conciencia es suspendida e inmunizada de las presiones del entorno. A nivel orgánico esto se expresa psicosomáticamente. Las siguientes afirmaciones a este respecto, extraídas de los trabajos del presente autor nos servirán para ilustrar y explicar los trabajos de Neptuno:

... que una persona que está sometida a estrés diga: "me siento como si estuviera en trance". Este es el trance de Neptuno, traído por la actividad hormonal, que produce el efecto de una pantalla de humo para poder soportar el dolor físico".

Neptuno es el Dios del mar, es la objetividad, la corriente, el mundo intermedio, la corriente del río, el río que tenemos que cruzar, para llegar al otro lado de la conciencia. Neptuno es la purificación y la canonización del alma, la disolución de la culpa y la disolución de la dualidad, es la identidad con la verdad y la certeza.

La actualización del Neptuno en el horóscopo individual significa la disolución de la forma de la vida actual, es la disolución del sentido de las necesidades reales, significa el cruce por el río, significa sumirse en el mar de la subconsciencia, con la experiencia de la verdad objetiva del trascendental.

A continuación daré diversos ejemplos de personas que conozco y que tienen sueños premonitorios, o de vida después de la muerte o lúcidos y los planetas donde se encuentran estos y sus influencias:

Persona 1: Neptuno y Venus en la casa 5 (creatividad) en escorpión.

Persona 2: Ascendente cáncer, que en general está muy conectado a sentir lo de otras personas, puede penetrar psiquismo ajeno, Neptuno en escorpión, sol en casa 8 y rueda de la fortuna en piscis.

Persona 3:Ascendente cáncer, venus y júpiter en piscis en casa 9, la cual puede ser los viajes afuera o también los viajes hacia adentro.

Persona 4: Neptuno en escorpión en la 12, Venus y mercurio en la 8 en cáncer.

Persona 5: Neptuno en escorpión en casa 6, Mercurio en casa 1 en géminis.

Persona 6: Neptuno en conjunción con la luna(intuición) en la 12 en libra y ascendente en escorpión.

Persona 7: Neptuno en escorpión en 10.

A esto hay que agregar que estos planetas ubicados en la casa 12 la cual rigen el inconsciente y estar confinado a un retiro con uno mismo, tendrán una determinada intensidad al tener también allí planetas que sin pertenecer a esta casa conecten con estos mundos a nivel interno. Puede ser un Mercurio ubicado en su casa original la cual es Géminis que harían de este géminis en casa 12 un psiquismo o bien sea conectado al entorno cercano de esta persona, o a su propia información desde lo inconsciente.

Obviamente en una carta hay que relacionar todas las casas y mirarla desde una totalidad. Ya que es posible que si la persona adicional a la casa 12 hace sus transformaciones y procesos de cambio desde la casa 8 y allí tiene planetas que también activan información desde las profundidades habrá también una conexión, profunda con los sueños como una de las formas de sanación, de procesar muertes y transformaciones en si mismo y procesos de renacimiento que pueden verse desde lo onírico.

Por ejemplo una persona que tiene a Neptuno no solamente sería a menudo muy elevada de la realidad terrena pero al mismo tiempo conectada a mundos virtuales y paralelos. Es cuestión de saber aterrizar también estos aspectos que pueden llevar en la vida cotidiana al escapismo o a montarse en películas por eso el planeta Neptuno en este caso hay que entenderlo como benefactor para el mundo de los sueños, pero al mismo tiempo hay que conectar lo que se reciba en el universo onírico a la realidad propia.

Sin entrar en detalles otro aspecto de la casa 12 es su relación con las vidas pasadas y con el karma y con el tiempo de pre-concepción, por lo tanto a través de esta casa se va al pasado desde o que haya quedado guardado. He visto personas que son maestras espirituales y tienen muchos planetas juntos en esta casa, es a menudo difícil por lo que pasan pero al mismo tiempo son maestros. Si se tienen signos de aire como acuario o si se tiene la luna negra en esta casa también influye en secretos akásicos, o también Quirón en esta casa puede generar procesos sanadores a través de los sueños.

Desde mi experiencia con la astrología muchas amistades que sueñan y recuerdan fácilmente y en su mayoría tienen la casa o parte de ella, el ascendente en agua también predispone. Si se encuentra allí Quirón está relacionado con un don para las profundidades psíquicas. Siendo Quirón una herida abierta que hay que sanar, dependiendo de la casa donde se encuentre en una carta natal, en qué elemento y qué aspectos tiene que la llevan a sanar o recibir sanación no solo con terapias, sino dentro de los sueños.

En el próximo volumen se profundizará en cartas completas y sus relaciones con el tema de la predisposicón psíquica para entrar en Umbrales de consciencia a través de los sueños y de experiencias extrasensoriales.

En este libro comenzaré solo por la casa 12, los signos de agua y las luminarias Neptuno y la Luna. Podría considerarse también Plutón y Mercurio, tema el cual no está cubierto en este libro para dar una introducción a aquellos que no manejan completamente el tema astrológico para dar ideas de relaciones de asociación.

Tampoco tocaré temas de tránsitos y progresiones por ser algo más avanzado en el tema.

Así mismo depende que evolución y planetas hay en los signos de tierra en esta casa, son más pegados a la realidad material y más enraizados lo que he observado en personas que tienen a tauro, virgo y capricornio, no se puede generalizar pero hay personas que han entrenado ya su alma y llegan listos para tener una encarnación con conocimientos ganados de otras existencias.

Con la Luna en la Duodécima Casa, se posee una vulnerabilidad psicológica innata. A la manera de aspiradora psíquica, «absorben» todo lo que circule por la atmósfera. Es necesario que dominar la sensibilidad y aprender a usarla, en vez de vivir abrumado por ella. Se necesitan períodos de aislamiento para restablecer tu equilibrio y tu paz interior.

La raíz de los problemas emocionales se hunde profundamente en el inconsciente, y no es fácilmente accesible a la memoria consciente. Las dificultades psicológicas pueden derivarse de la muy temprana infancia, e incluso de vivencias prenatales.

La casa 12 es la última casa de la carta natal, la última del cuarto cuadrante, casa cadente y de agua. Se le llama la casa del karma, de las vidas pasadas y hay otros que la llaman lamontaña rusa, por los secretos que esconde.

Cuando alguien nace con la Luna en la casa 12, nace con las emociones «enclaustradas» en el terreno del subconciente. A esta persona le cuesta mostrar lo que verdaderamente siente, son gente que son «muy suyas». Dependerá mucho en qué signo se encuentra. No es lo mismo que se encuentre en una casa de agua que será doblemente emocional y todo más intenso que en casas de otro elemento: arie, tierra, fuego. Estas personas tienen «un sexto sentido» en lo que respecta a «saber qué es lo que piensan o sienten los demás».Deben aprender a separar emociones propias de los demás, esto también se puede dar con Neptuno en esta casa. Son esponjas psíquicas

Sus sentimientos están influenciados por las experiencias marcadas del pasado.

Mucha fusión entre lo personal y lo colectivo que hay que aprender a separar.

Tienen mediumnidad, intuición, Necesitan aislamiento, deseo también de retornar a la gran madre, situaciones de la madre durante el embarazo que influyeron en la parte emocional, Luna en Piscis como ejemplo de signo de agua tiene : imaginación creativa, la ensoñación permite aspirar a conocer la realidad de otros mundos, pero primero hay que r e-ordenar el propio, con esta Luna se busca la seguridad en la intimidad y la tendencia será a la introversión, al retiro y la reflexión como mecanismos de supervivencia.

Se elige a menudo pasividad para no llamar la atención y se prefiere esperar a ver cómo evolucionan los acontecimientos antes que involucrarte y participar activamente.

Esta Luna es soñadora, imaginativa, pacificadora y reconciliadora, por ello, ansías un orden interior que a menudo te cuesta encontrar entre tanto caos externo. Esta Luna es pacífica y dada a los encuentros, a las intimidades, a la búsqueda interior, al descubrimiento del sentimiento como paso previo para desarrollar el orden personal.

Inclinación por fluir y sentirse bien, no te gustan las reglas ni los dogmas, ni los conflictos.

Mecanismos de supervivencia.

Saturno en la Duodécima Casa

Saturno en la Duodécima Casa nos pide que nos tomemos en serio la totalidad del ámbito de lo inconsciente. Quizá tengas miedo de explorar estas aguas, y eso es, sin embargo, precisamente lo que necesitas hacer. Si llegas a superar tus temores y te embarcas en el viaje de la indagación psicológica de ti mismo, tus esfuerzos se verán ampliamente recompensados. No sólo volverás a conectarte con partes amputadas de ti mismo, sino que en el proceso habrás de recuperar el perdido sentimiento de tu relación con el resto de la vida.

Indica que temes a lo que está por debajo del nivel superficial de la conciencia. Tienes miedo de que, si relajas el control que ejerces sobre ti mismo, puedas verte devorado por emociones abrumadoras.

Cualquier principio que se encuentre en la Casa Doce puede ser tanto nuestro sostén como nuestra ruina. Las cualidades saturninas positivas, tales como el reconocimiento de tus límites naturales, la aceptación del deber y de la responsabilidad.

Desde mi observación de casas, planetas en signos y cinjunciones o cuadraturas, las casas de agua considerando el elemnto que más afinidad con personas que fácilmente sueñan o entran fácil en estados interiores como sueños lúcidos u otros, fueron las del elemnto agua y seguidamente aire. Considerando también que el agua es el mayor contenido deentro de los elementos del cuero y que también está relacionado al mundo emocional. Es el más yin de todos los elementos, la cual por la cultura patriarcal ha sido muy suprimida, a veces les cuesta inclusive expresar desde la palabra los sentimientos, en especial Escorpio. La mejor forma de comunicarse desde el agua es a través del Arte, desde la pintura, poesía, música, desde lo artístico este elemento favorece a aquellos que son artistas, son capaces a través de este elemnto de captar el alma de las cosas y personas y de expresar el sentir, en general necesitan entornos de mucha paz y silencio para poder conectar s sus mundos interiores y traer desde el psiquismo lo inconsciente para darle forma. El agua es símbolo de la matriz divina o donde se origina la vida. Las luminarias que se consideran un poco más acuáticas son la Luna y Neptuno, ambas rigen signos de agua: Cáncer y Piscis. Ambos muy ligados al inconsciente y las emociones, siendo más místico Neptuno, desde los elementos trabajó Jung en los tipos psicológicos, relacionando el elemnto agua con la intuición y el sentimiento. El consideró el elemento fuego y la intuición como racionales, perciben mediante imñagenes desde destellos de intuición, el elemnto tierra se interesa más por la realidad objetiva y experimentada, el aire está más interesado en abstracciones, también mucho más racional, el agua hace la mediación perceptual a través de los sentimientos., es irracional y psiquica.

Desde Piscis que es un signo de agua y que en el zodíaco pasivo está en la casa 12, realiza una transformaciñon del yo, mediante la disminución del ego y la entrega del alma. Cáncer se pone en contacto con emociones y sentimientos y deseo de contactar a nivel emocional, Escorpio en cambio habita su mundo interior desde la emoción yendo tan profundo como le sea posible.

Al estar Piscis en una etapa final dentro del Zodíaco pasivo está relacionado con la trascendencia, la receptividad, el sacrificio, lo que a menudo lo lleva al extremo de víctima, son sensibles psíquicamente ante las personas que les rodean, a menudo tanto Cáncer como Piscis son aspiradoras psíquicas o captan energñia ajenas como suyas, dentro de la evolución de Piscis hay también una búsqueda de unidad, o que se sienta atraído por servicio social y solidaridad a causas.

Un planeta que tiene mucha sensibilidad para captar sueños es Neptuno el regente de Piscis, a quien también lo rige Júpiter, dándole diferentes características dependiendo de donde se encuentre.

La conexión Neptuno piscis está dada por trascendencia del Ego y la unión con el infinito, ambos tienen sensibilidad e imaginación, a menudo exagerada que se puede convertir en fantasía y engaño.

La relación en cambio con Júpiter le confiere filosofía de vida o religiones o el valor de la fe, es más asociado desde Piscis a lo místico.

Mirada a la casa 12, la Luna y Neptuno en los inspiradores de sueños

Carl Gustav Jung

Luna en Tauro y Neptuno en Aries en conjunción este último con quirón, ambos en la casa 3 de la comunicación con el entorno cercano,y la luna en conjunción con Plutón. Solo con analizar su luna, Neptuno y la casa 12, podemos ver que recibió desde su hogar impulsos que lo llevaron a conectar con otro tipo de mente para resolver asuntos con su madre, una casa 12 en Sagitario con su planeta regente en la casa 8 de las transformaciones y procesos de renacimiento y muerte que lo ayudaron a crear un equilibrio y manifestar el mundo de los sentidos a través de sus investigaciones, llevándolas a una concreción innovadora y futurista para personas que actualmente tomamos elementos de sus estudios y conclusiones.

Indirectamente este neptuno rige su casa doce, que junto con Júpiter que es su primer regente, le traen desde el inconsciente sus revelaciones de transformación en especial desde su espacio de retiro, el cual de una manera visible fue una torre que define lo capricorniano y estructurado desde la vivienda o lugar de encierro para su personalidad.

Sin entrar en la conjunción de la luna con Plutón de una manera detallada, vemos que hubo mucho material proveniente de sus propias experiencias donde pudo profundizar y desde ese pasado, femenino, pudo también sobrepasar conflictos a través de sus comunicaciones y alianzas con femeninos que estaban en su mismo campo de investigación quienes también le aportaron la confianza desde la madurez y poder proyectarse con la tarea que vino a realizar.

Marie-Louise Von France

Su luna y Neptuno retrógrado en la casa 10 en Leo y su casa 12 en Libra, muestran una forma de llevar al entorno profesional más extenso una filosofía de vida innovadora, también relacionada con comunicar a través de su sol en la casa 3, en Capricornio, en conjunción con Marte un fuerte impulso para también dejar estructuras con respecto a sus temáticas de sueños, cuentos y hacerlo de una manera que no era la tradicional de la época y la cual enfocó a expandirse a través de su casa 12 en Libra expresar las transformaciones de una manera estética y con belleza y arte para comunicar lo encontrado desde su interior y realizarlo con mucha confianza.

Al ser su Neptuno el regente de su casa 5, definitivamente muestra que sus proyectos eran sobre temas de procesar lo interior a través de los sueños, la escritura, el cine, obviamente sobrepasando la tensión de su luna en casa 10 en oposición a Urano, que muestra que en algún momento tuvo que sobrepasar algo que para este tiempo era algo avanzado. Mirando también su ascendente en Escorpión estas transformaciones y estructuración de su legado, parten de sus propias transformaciones, que están relacionadas con la casa 1 de su personalidad, la cual una vez superada se convierte en material para sus hallazgos.

Franz Pearls

Dentro de su mandala de vida mirando solo su Neptuno en casa 11 en conjunción con Plutón y luna natal , en casa 10 en Tauro y considerando su lugar de retiro la casa 12 en géminis, con el sol allí en cáncer le dieron un poder personal desarrollado desde sus investigaciones enfocadas a viajes interiores a través de la expansión a través de otros sentidos, adicionalmente a la intuición y flashes de inspiración para que la comunicación de sus temáticas de transformación profunda y de traer información desde lo profundo y grupal saliese desde una confianza plena y mucha energía disponible para la acción y comunicar sus temas, desde la transformación innovadora de una forma de comunicar diferente, pero siempre con miras a estructurar desde allí su legado. Al igual que Marie Louise, tuvo que lidiar con la tensión de la luna y urano que seguramente fueron resistencias iniciales de la época que luego se transforman es sacar desde allí los resultados materiales para entregarlos a su entorno.

Roberto Assagioli

Analizando su carta desde la luna y Neptuno y su casa 12, el cual es regido por Neptuno en casa 12 en Tauro en conjunción con Plutón en la misma casa en Géminis considerando también que su signo solar es Piscis y que su sol que da su propósito se encuentra en la casa 10 donde se da de una manera luminosa y visible su proyección profesional hacia el entorno de afuera y la comunicación de esta gran tarea de vida que tuvo desde la fundación de su sistema Psicosíntesis, para lo cual tuvo una luna en virgo en la casa 4 del hogar que le propiciaron mostrar de una manera analítica, organizada y metódica sus experiencias y hallazgos lo cual fue también una forma de liberar su sol desde su casa materna, ya que la oposición en su carta del sol y la luna le debió causar mucha tensión que a menudo se logra salir de ella cuando se usa esa fuerza para el p´ropósito con el cual se vino y él lo hizo, obviamente contó con otros elementos favorables en su carta que le permitieron de una manera expansiva y a la manera de su vida cotidiana introducir innovación en su proyecto de vida con bastante fuerza y liderazgo dando el impulso para llevar a grupos mucha transformación. No solo pudiendo realizarse como persona desde la confianza y seguridad, sino también comunicarlo, desde su proceso de transformación en la casa doce a través de su conjunción de Plutón y Neptuno planetas o energías que hay que aprender a conciliar porque sus fuerzas pueden actuar de un lado profundo en sentimientos a veces de sentirse entre un sótano y a veces en una nube, pero desde allí precisamente extraer desde esas profundidades aquello que desde el alma se encuentra profundamente después de haber descubierto el oro alquímico. Ya que los planetas siempre ofrecen a través de sus relaciones y diferencias en encuentros así regalos de valor interior.

De todas maneras al ser Piscis y al tener a Neptuno en casa 12 había también una predisposicón natural a entrar en el mundo interior y sacar desde allí su legado.

Luna en casa 12

La casa 12 es la última casa de la carta natal, la última del cuarto cuadrante, casa cadente y de agua. Se le llama la casa del karma, de las vidas pasadas y hay otros que la llaman la montaña rusa, por los secretos que esconde.

Cuando alguien nace con la Luna en la casa 12, nace con las emociones «enclaustradas» en el terreno del subconciente. A esta persona le cuesta mostrar lo que verdaderamente siente, son gente que son «muy suyas». Dependerá mucho en qué signo se encuentra. No es lo mismo que se encuentre en una casa de agua que será doblemente emocional y todo más intenso que en casas de otro elemnto: arie, tierra, fuego. Estas personas tienen «un sexto sentido» en lo que respecta a «saber qué es lo que piensan o sienten los demás».Deben aprender a separar emociones propias de los demás, esto también se puede dar con Neptuno en esta casa. Son esponjas psíquicas

Sus sentimientos están influenciados por las experiencias marcadas del pasado.

Mucha fusión entre lo personal y lo colectivo que hay que aprender a separar.Tienen mediumnidad, intuición, Necesitan aislamiento, deseo también de retornar a la gran madre, situaciones de la madre durante el embarazo que influyeron en la parte emocional,

Luna en Piscis como ejemplo de signo de agua tiene : imaginación creativa, la ensoñación permite aspirar a conocer la realidad de otros mundos, pero primero hay que r e-ordenar el propio, con esta Luna se busca la seguridad en la intimidad y la tendencia será a la introversión, al retiro y la reflexión como mecanismos de supervivencia.

Se elige a menudo pasividad para no llamar la atención y se prefier esperar a ver cómo

evolucionan los acontecimientos antes que involucrarte y participar activamente.

Esta Luna es soñadora, imaginativa, pacificadora y reconciliadora, por ello, ansías un orden interior que a menudo te cuesta encontrar entre tanto caos externo. Esta Luna es pacífica y dada a los encuentros, a las intimidades, a la búsqueda interior, al descubrimiento del sentimiento como paso previo para desarrollar el orden personal.

Inclinación por fluir y sentirse bien, no te gustan las reglas ni los dogmas, ni los conflictos.

Mecanismos de supervivencia.

Por eso desde la astrología que trae un porcentaje de información importante para una persona, se puede también trascender aquello que a veces es bloqueo y tensión en material disponible para la tarea que vinimos a desarrollar y la cual se aprende a través de la experiencia personal y del haber vivido aquello que ya luego se enseña porque se aprendió y dejó un gran regalo. Allí es donde nos convertimos verdaderamente en otra persona que transformada a través de un camino de vida entrega lo aprendido para que otros se beneficien, como lo hizo Assaglioli. Quien fue un inspirador de Claudio Naranjo, quien también hace parte de los grandes hombres que han contribuído a entrar en Umbrales de consciencia que transformen. Al ser la vida de Claudio Naranjo un legado valioso y extenso, por lo actual será también parte del próximo volumen. Hay que tener en cuenta que en una carta natal como mapa de vida es un conjunto que no se puede aislar, somos un todo y tenemos el universo adentro. Estos son análisis de personas que también han usado uso potencial y sacado lo mejor de sus dones.

13
MECANISMOS DE SUPERVIVENCIA. LA MUERTE COMO VIAJE DE RETORNO A CASA

«Recordar que moriré pronto es la herramienta más importante que he encontrado jamás para ayudarme a hacer las grandes elecciones de mi vida. Porque prácticamente todo lo demás (las expectativas de los demás, el orgullo, el miedo a la vergüenza o el miedo a lo desconocido), todo eso se desvanece ante la idea de la muerte, quedando sólo lo que es verdaderamente importante. El pensamiento de que vas a morir es la mejor manera que conozco de escapar a la trampa de pensar que tienes algo que perder. Ya estás desnudo. No hay razón para no seguir a tu corazón… mantente hambriento. Sigue siendo algo insensato...»

Discurso de Steve Jobs en el acto de apertura del curso 2005, en la Universidad de Stanford

Mensajes desde el más allá

Al encontramos en tiempos donde se han abierto los umbrales de dimensiones que solían estar veladas cuando alguien se marchaba, existe ya hoy la posibilidad de comunicación con seres cercanos que han dejado asuntos pendientes al momento de su muerte y quienes han contactado personas que hacen de canal entre el más allá y esta realidad para recibir mensajes.

Es aquí donde no solo entran consultantes llamados canalizadores quienes han trabajado individualmente o en grupos, así como también aquellos quienes conectamos con personas y mensajes a través de sueños.

En mi experiencia he trabajado inclusive con sanadoras en este campo tan especial donde se perciben lugares contaminados por almas desencarnadas quienes se quedan habitando espacios, sin darse cuenta de que se han muerto. La forma de despedirlos es ir a estos lugares y hacer rituales con conversaciones meditativas para envíarlos a la luz para que sigan su camino. Al ser este tipo de sanación con campos sutiles y energéticos, hay que tener desarrollada las facultades de la clarividencia y percepción. Conocer y tener preparación de cómo funciona esta dimensión, donde hoy cada vez hay más personas ayudando en este campo, incluyendo muchas personas jóvenes que vinieron con estas facultades ya desarrolladas.

Dentro de algunas personas cercanas que conozco, en especial en Medellín, donde han matado tantas personas por la violencia, primero de la época de la mafia y luego de la guerrilla, se han tenido que realizar muchas limpiezas de espacios de personas que habían muerto y aún deambulaban bloqueando energéticamente muchos lugares.

Estos terapistas se han especializado en despedir estas almas y traer en nuevo paz a los lugares donde hubo tantos sucesos de esta índole. Cuando una persona es asesinada o hay suicidio, el alma queda suspendida de alguna manera hasta el momento que sería su muerte, al quedar flotando debe ser liberada por este tipo de sanaciones.

En el año 2017 estando allí en mi estadía de pasar el invierno de Europa, allí en Colombia con mi familia, tuve una visita a un sitio actualmente turístico, el cual fue escenario de muchísima violencia, actualmente está ya recuperado: la Comuna 13, allí conocí un grupo de estudiantes que estaban recopilando información para hacer un trabajo de Universidad y al entrar en conversación con una de ellos me contó la siguiente experiencia de sus sueños. La cual le ocurrió en diferentes episodios: ella vivía en una habitación alquilada, donde la dueña de la casa, tenía una hija que se desempeñaba como abogada.

Esta abogada estaba llevando un caso difícil, del cual no se hablaba pero, a los pocos meses, esta persona desapareció sin dejar rastro alguno y a su madre en la más profunda incertidumbre. Esta chica, quien no pasaba de veinte años, tenía el don de soñar y fue contactada por la desaparecida, ella de inmediato se dio cuenta de que estaba recibiendo mensajes sobre su rumbo, dentro de los diferentes sueños que tuvo se dio cuenta de que la habían matado. Y la mujer recibió en su secuencia toda la información de cómo había sido.

Lo más importante dentro de sus distintos sueños fue el sueño final donde se le indicó con claridad el nombre del cementerio donde se encontraba enterrada y el nombre que le habían puesto a su tumba, el cual era completamente diferente de su nombre real.

La chica, antes de contarle a la madre de la difunta, fue hasta el cementerio y verificó su mensaje, el cual coincidió perfecto con las indicaciones…

Ella me contó este grupo de sueños, ya que le comenté que me encontraba escribiendo sobre el tema y quedó tranquila cuando le verifiqué su facultad para ello.

Como esta chica he encontrado dentro de mis consultas y talleres muchísimas personas que ven cosas como esta y otras a través de la conexión con el incosciente y los sueños.

Qué sucede después de morir

La muerte es un viaje especial, si se está preparado en vida para ello, es el nacimiento a la vida del espíritu y el regreso de nuestra esencia a la dimensión de la energía que somos dentro de un cuerpo. Algunas personas muy conscientes saben su momento de muerte y otras hacen el proceso llamado recapitulación de la vida unos cuantos años antes de su final, lo que he comprobado en amistades cercanas a quienes he despedido, es un estado preparatorio que puede ser de unos cinco a diez años dependiendo de cada proceso, otras que recapitulan día a día tienen ya este proceso adelantado.

La siguiente información me llegó en el momento que mi padre murió. Vivo en un pueblo inspirado por Rudolph Steiner quien fue el creador de la antroposofía y quien investigó no solo en el campo del arte para educar sino en otros campos como el de vida después de la muerte y desde su experiencia y clarividencia, dejó algo ilustrativo del proceso que llamó Kamaloca. Fue así como a partir del momento de la muerte de mi padre junto con uno de mis hermanos cercanos quien no solo es clarividente sino que también está conectado a este campo de los sueños, lo acompañamos en el viaje inicial de Kamaloca después de su partida el 22 de julio del 2012.

A través de los sueños que vienen después de que un ser querido muere, hay que entender el tiempo de esta otra realidad el cual es diferente y todo sucede sincronizado a fechas claves para quien muere: ejemplo día veintidos fue su partida era fecha para conectar.

En este acompañamiento, mi hermano quien tuvo más cercanía durante la vida con él por haber trabajado juntos y acompañarlo en el tiempo libre con el hobbie de la pesca, fue quien tuvo los sueños más reveladores.

Dentro del grupo de sueños se nos fue mostrando un recorrido que mi padre hizo y que varía de acuerdo a procesos evolutivos y kármicos de cada persona.

La persona comienza con una revisión de su vida que se realiza como una película, y sucede los tres días siguientes de su partida, durante los cuales el fallecido tiene una comprensión visual de recordar la vida que vivió.

A esta experiencia Rudolph Steiner la llamó Kamaloca. La cual también es considerada por el budismo y por otras corrientes.

El dice que los tres días siguientes al deceso son el preludio para iniciar el proceso de kamaloca donde se revisan errores, fallas y es equivalente a salir de la escuela vida y ver desde la distancia a todas aquellas personas a quienes se les falló, se les hizo daño, se les causó dolor, etc., todas aquellas experiencias que a veces negamos ver de una manera inconsciente o consciente.

Kamaloca consta de tres estadios que duran lo equivalente a la tercera parte de los años que viva la persona, por ejemplo, para alguien que viva noventa años, esta experiencia durará treinta años en el tiempo nuestro en la tierra que posiblemente será otro tiempo en esta dimensión desconocida.

En primera instancia se hace un escrutinio, donde ya no hay nada que esconder se está completamente expuesto a la vulnerabilidad de poder conciliar pensamientos y sentimientos de estas vivencias no elaboradas completamente.

La segunda parte surge por lo que se ha dejado: personas, posesiones, identidad, cuerpo, alimentos, sexo, dinero, influencia, experiencia que puede conducir a angustia, la persona se da cuenta si se alejó demasiado de su ser en el materialismo y si estuvo desconectada de su espíritu.

Luego en una tercera instancia pasa de cómo la persona se experimentó a sí misma a cómo su ser fue percibido y experimentado por otros. Qué efecto tuvo la persona desde sus experiencias con otras personas que se ha encontró en su vida terrenal, rompimiento de promesas, corazones partidos, mentiras, deslealtad, traición, rabia no expresada.

Afortunadamente se experimenta también el amor, la gratitud, la amabilidad, la compasión que de manera honesta, limpia y amorosa se entregó a otros. Estas experiencias se experimentan con mayor intensidad, y como parte de las lecciones que se aprendieron.

Después de que las personas experimentan en espíritu propio el daño causado a otros o el amor, las personas guardan estos aprendizajes para que el alma pase a nutrirse en las esferas espirituales de todos los planetas, terminando en el sol donde el alma se prepara para su próximo nacimiento o escoge otra vivencia en otra dimensión escogida por el alma y sus guías de acuerdo a plan evolutivo.

Kamaloca es una especie de puente en el camino de regreso a casa. Su intención es revisar cada acción, pensamiento, que se ha experimentado hacia otra persona con la cual tuvimos vínculo. Para liberar la atadura con el sufrimiento de esa persona. Se experimenta exactamente el dolor causado a ella, se ve amplificado, pero allí ya no se puede rectificar la situación.

Una vez la persona cruza el túnel o paso al otro lado, se debe haber establecido previamente entre las personas o relaciones con las cuales hay vínculos kármicos la liberación de los lazos que unen a las personas, por eso los que quedan deben soltar todo aquello que libere también a la persona que se ha marchado. El perdón entre los seres debe darse en vida.

Una manera sobre como prepararse diariamente en vida a morir, es el revisar diariamente nuestras acciones antes de acostarnos: a quien herimos, o si he proyectamos recibido una ofensa de alguien, establecer el perdón hacia la acción de ignorancia que viene desde el ego de esa otra persona y más bien buscar en el interior de nosotros: ¿desde dónde viene esto?

Ya sabemos que cuando el otro refleja algo que duele, es porque en nosotros hay algo que necesita mirarse para quitarle fuerza y cuando el otro proyecta hay distinguir y saber que desde el otro hay algo por resolver.

De todas maneras, el ir a dormir y descansar profundamente es una muerte diaria en la que igualmente experimentamos el encuentro con nuestros entes kármicos o del destino y con ellos siempre se hacen acuerdo, se establecen cambios y transformaciones y a través de nuestro ángel guardián somos dirigidos hacia personas y situaciones en el día o tiempo siguiente de una manera que también aprendamos en vida que cada acción tiene una consecuencia.

La revisión cada noche de nuestros lados de esencia y sombra son un trabajo diario para aclarar nuestro destino a través de las relaciones y de rectificar acciones.

Cuando morimos al ego nacemos a la Esencia del Ser y salimos de la rueda del Samsara. Es material del próximo volumen de sueños, ampliaré la información actual que ha llegado este 2020, donde la tierra está en el proceso de transición de la tercera dimensión a la quinta dimensión la cual durará varios años en completarse y desde cuya información habrá cambios fundamentales dentro de lo que es vida después de la muerte, reencarnación y desaparición de la vieja matriz como la conocemos.

Morir a cosas desde la personalidad

Llegué a un lugar de forma rectangular, allí era un lugar destinado para morir a cosas. De allí pasé a otro lugar donde había ascensores y personajes indeseables. Había que verlos y una vez observados había que enfrentarlos para no volver a coincidir con ellos o evitar el volver a encontrarlos, porque si ellos ya se habían marchado no había que ir a su encuentro de nuevo.

Se miraban antes, como desde un escenario desde una pantalla grande y luego de resolver lo que fuese, se tomaba un nuevo camino.

En caso de encontrarse con ellos se miraba cómo subían en el ascensor desde otra construcción paralela para evitarlos. Quería decir que se habían marchado para siempre.

Ellos tendían a volver y a coger la parte energética de la persona, si ella no los miraba de frente, pero al enfrentarlos con tan solo una mirada intensa, fija y rápida, hacía que no llegasen al lugar desde donde se observaban.

Era cuestión de estar muy atenta y de cruzar en un instante a otro lugar o dimensión.

Al despertar supe que era un lugar de morir a aspectos de la sombra.

Sueños pre-morten: los sueños nos van anunciando

Me encontraba estudiando homeopatía en Inglaterra, me encontraba en mis treinta y pico de años, dedicada a pulir mi inglés y graduarme después de este nuevo estudio.

Un domingo me levanté un poco impactada porque vi que un tío político había muerto en mi sueño: se encontraba en pantaloncillos y su esposa en un piso diferente preparaba su funeral. Ella estaba tranquila pero mi primera reacción fue llamar a Colombia donde aún era madrugada, esperé y llamé a primera hora a mamá para anunciarle que había visto a Salvatore, mi tío desencarnado.

Él estaba aliviado y justo ese fin de semana se encontraban en una finca con la familia, lo increíble fue que esa misma noche le dio un ataque al corazón y murió.

A menudo entramos en esa conexión pasado-presente-futuro solo por estar conectados a personas que nos son familiares o cercanas.

Como parte de la experiencia con amigas cercanas y familiares que me han pedido prepararse antes de morir, bien sea porque tienen alguna enfermedad terminal o porque quieren estar listas para cuando llegue el momento porque así lo sienten, recuerdo que una amiga muy espiritual en mi ciudad natal y ya de cierta edad tuvo un diagnóstico de cáncer de colon y me dijo que la preparara para ayudarla a morir consciente. Comencé a recibir señales para ella y una de ellas vino un día que me encontraba en el campo, junto a unos árboles y sentí la visión vívida como si fuese un sueño lúcido donde un ángel que era cercano a ella, me dijo: «Está por marcharse», aviso que le di a ella y en pocos días sucedió, ya cuando sus hijos estuvieron todos reunidos para despedirla. Puede suceder a veces hasta en estados de vigilia en momentos de conexión con la naturaleza.

Al día siguiente de su deceso, se apareció ante nosotros, unas amigas muy cercanas en forma de burbuja luminosa, girando en uno de los cuartos de la finca donde vivíamos en ese entonces, y allí le hicimos un mantra tibetano de despedida.

En el caso de personas muy allegadas y muy conectadas, otras personas alrededor comienzan también a leer en el inconsciente este tipo de avisos anunciando la partida de alguien. Una amiga cercana, quien trabaja enfrente de la casa de mis padres, conectó a través de este sueño anticipándose a la muerte de papá, de la cual ella no estaba enterada de su enfermedad terminal. Su sueño fue relacionado con la tía que había muerto antes de él. Sueño que fue para mí, una confirmación más que recibí antes de viajar a Colombia a despedirme de él en vida.

Ella soñó:

«Una tía tuya, había fallecido; estábamos en la casa de tu mamá, pero a pesar de que no son eventos fáciles para nuestra forma humana, todos alrededor de tu mamá estaban tranquilos. Tu papá no estaba, pero en su lugar estaba Mike, (mi esposo) quien hacia las veces de imagen masculina mayor. Tu tía, había dejado muchas herencias y aunque en el sueño yo veía objetos, entiendo por mi sensación que las herencias eran como milagros y/o dones espirituales».

Fue un aviso adicional a través del sueño de esta amiga muy bonito... tranquilo... no de pérdida, sino mas bien como cuando se lleva a un amigo a una estación de tren.

«Mike y tú, en mi sueño, se veían muy felices y tu mamá los bendijo como sus hijos», decía que estamos trabajando en múltiples niveles y dimensiones en forma preparatoria para lo que viene, y esa fue la sensación que me trajo el sueño a la vigilia… Ella sin saber conectó a nuestro inconsciente familiar y además era muy intuitiva.

Sueños de despedidas

Tras haber participado como acuerdos de almas, en la preparación de personas antes de su partida, quiero compartir la experiencia de personas que han soñado o han sido anunciadas de la muerte de un familiar. Esposo, hijo, padre, en general alguien cercano.

Hablando del tema de los sueños y estos avisos anticipados, una amiga quien es muy psíquica y conectada a sanación y prácticas de ayuda a otros, recibió en un sueño la revelación de que en la familia de su esposo había llegado la muerte para un miembro de esta familia. A ella le dijeron que la persona que estaba en turno de irse sería su esposo, pero por concesión especial la mujerella decidiría si se iba primero su esposo o el padre de él. Dentro del sueño, ella pidió que le dieran un tiempo adicional con su esposo y después de haber tenido este sueño, días más adelante su suegro moría, lo cual ella era ya conocido por ella. Unos pocos años más adelante murió su esposo.

Algo que sucede también en las familias a nivel de acuerdos entre almas, es que cuando una persona de la familia muere y hay otro miembro enfermo, se lo puede llevar al corto tiempo. Los siguientes son ejemplos de familiares:

Cuando una de las tres hermanas de mi madre se marchó a los sesenta y un años debido a un cáncer terminal, mi abuela, quien tenía en esos momentos noventa y tres años (su madre) y estaba lista hacía mucho tiempo para irse se fue un mes después y fue evidente que fue concertado en el mundo espiritual de esta manera, nosotros simplemente dijimos: «mí tía se llevó a su madre…».

Esto suele suceder en personas que han tenido una conexión profunda y que dentro del amor incondicional y la oportunidad que tienen allí de llevarse a algún ser querido que esté listo y preparado para el paso.

Cuando una de las hermanas de mi padre me pidió que la ayudase a preparar para morir consciente ya que tenía también un cáncer terminal, me dediqué a ella por tres meses a través de rememorar momentos importantes de su vida, matrimonio, infancia, hermanos, historias todas importantes para mí, como parte del clan, me sentí honrada ya que estuvimos cortando raíces que no se repetirían en nuevas generaciones.

En el último mes llegó de otro país su hija más cercana para acompañarla en la recta final, a quien le recomendé sanamente que durmiese en un cuarto diferente al de su madre, para que ella se soltase más pronto y fue justo al amanecer cuando se marchó.

Este fue mi sueño: «me encontraba metida en el mar de Canarias donde se encontraban mis otras primas quienes desde la distancia estaban conectadas a este momento».

Con este sueño, supe cuando desperté que mi tía había muerto, eran las primeras horas antes del amanecer, en cuestión de minutos llamaron a anunciarnos su partida a primeras horas de la madrugada.

En otro país, se encontraba una de sus hermanas mayor a ella, y en un estado de enfermedad terminal y falta de memoria, no pasó más de un mes cuando nos enteramos de que ya había descansado en paz. También había sido parte, del mismo arreglo entre almas.

Cuando mi padre seguidamente recibió el diagnóstico de cáncer terminal, fue el día exacto de aniversario de la muerte de esta hermana quien había preparado y quien era muy cercana a mí, en ese momento supe que el próximo en irse sería mi padre y a partir de ese momento comencé junto con mi hermano del medio a recibir paso a paso los mensajes desde los sueños y con mucha precisión antes de viajar a mi tierra a verlo por vivir en el extranjero, tuve un sueño revelador del tiempo aproximado en el que sucedería, después de mi viaje para despedirme de él.

A menudo el tiempo no es tan fácil de determinar cuando se recibe un mensaje de este tipo, en mi caso, siempre he tenido una ligera idea posiblemente por mis innumerables viajes en la vida cotidiana.

Anuncio de partida de mi padre en mi sueño

Antes de viajar a Colombia para despedirme de papá en diciembre del 2011, año anterior a su partida y aún estando en Inglaterra, recibí con claridad antes de viajar que este sería mi último encuentro antes de su partida.

No solo lo sentía, sino también tuve varios anuncios en mi proceso de cinco años atrás cuando comencé a recapitular mi relación con él en sus puntos más importantes: buenos y malos momentos, aprendizajes y regalos.

Por eso cuando tuve este sueño, supe que él definitivamente se marchaba después de mi viaje a Colombia que duró dos meses y en marzo de ese año 2012, fue mi último encuentro con él. Ya que más adelante lo despedí al túnel de luz a través del teléfono el día domingo, 22 de julio cuando en mi tiempo acá atardecer y en el de él allí después de almuerzo se fue en alegría.

Este fue mi sueño anticipado:

«Habíamos planeado un paseo con papá y estábamos en un pueblo que a él le encantaba devolviéndonos a casa en la ciudad, íbamos en el carro toda la familia juntos y cuando pasamos por el pueblo, el cual todos conocíamos el camino de regreso a nuestra casa, le dije a quien conducía que no era nadie de la familia:

—La ruta que tomamos nosotros para casa, es seguir derecho.

A lo que papá dijo—: hijita, yo más bien lo oriento ya que el camino es a mano izquierda y es corto.

Me quedé en silencio y entendí que él también ya lo sabía. Llegamos a un lugar solitario muy cerca del pueblo y allí había un carro mortuorio esperándolo». Desperté.

Fue claro saber, que después de mi viaje en corto tiempo se iría, era obvio que lo sabía ya que se estaba preparando en consciencia.

Como suelo tener sueños que siempre me anuncian eventos importantes antes de viajar a mi ciudad natal, Medellín, relacionados con familia, conferencias, amistades, familia los cuales vienen en un sueño que se que será clave durante mi estadía. Me dediqué por completo a papá y a disfrutar de nuestra despedida al máximo y en alegría.

Él me contó muchos chistes que solía tener un humor tremendo, me recitó sus poemas favoritos, uno de ellos, *Morir riendo*, mi último adiós fue bailar tango con él, en la casa. Le estaba preparando un show, pero me dijo:

—Hijita no tengo energía.

Se lo hice en la casa.

Bailamos y nos reímos. Mi despedida no fue realmente mi último tiempo en el cual compartí con él de lleno, ya que siempre en los momentos que estuve en paseos, momentos difíciles, momentos lindos, siempre estuve presente.

Mi papá tenía un alma brillante y trajo mucha energía y fuerza, además de autoridad, él siempre me percibió desde el alma.

Por eso después de que fuimos a despedirlo al Peñol que era un pueblo donde él solía ir a pescar bastante y donde vive un hermano de los más cercanos a él en vida, vi claramente que después de este paseo sus energías se apagaban.

Sueños post mortem: secuencia

Los siguientes son sueños con papá después de su muerte:

Abril 2017, cinco años más adelante. Él siempre se comunicaba a través de mi hermano Julián, quien fue la persona más cercana a sus vivencias terrenales; trabajo, misterios de su vida, pescar...

En este sueño él se encontraba en un lugar donde se encontraba tranquilo y le dijo a mi hermano «estoy acá esperando». Este fue uno de los sueños que nos mostró que a partir de este momento ya él se iba a otro nivel. Lo cual lo vimos claramente el lugar para donde iba en otro sueño posterior a éste.

Después de la partida de la persona, suelen haber miembros de la familia que sueñan más que otros, teniendo como punto común que siempre ven a la persona más joven, o en las mejores ropas que solía usar, o en lugares agradables, que solían estar.

Un primo cercano quien también tiene conexión onírica, soñó con su papá a quien mataron en Medellín, en diferentes oportunidades viviendo en una casa de campo muy alejada y cuando mi primo entraba a esta casa, lo encontraba, sentado al frente de una chimenea. Uno de los tantos mensajes que le dio en sus encuentros en sueños fue:

«Hijo, lo más importante son los hijos...». Este primo era separado y como su padre, era muy dedicado a sus hijos.

Sueño de una amiga clarividente tres años después de la muerte de mi padre. Esta amiga nunca lo conocí personalmente, pero a través de mis historias. Esto para mostrar la conexión profunda con lo inconsciente.

«Yo había ido a su casa a mostrarle un porta-retrato de papá y mamá abrazados, lo había hecho en un material blanco, ella lo miraba y yo le decía admirada: cómo caía tanta escarcha dorada, la cual tapaba lo que había hecho.

Yo estaba con mis padres dentro de la foto en un triciclo y papá me comentaba: "No vayas tan rápido". Luego me salí del cuadro y él le decía a mamá: "Gracias por cuidarla y prepararla tan bien, yo siempre te admiré". Ellos estaban felices y se miraban el uno al otro, papá la abrazó. Yo le dije a mi amiga dentro del sueño que les colocaría el manto de la compasión, el cual había recibido el día anterior con el collar de la amada Kwan Yin».

Dentro de este sueño me llegó una simbología completa días después:

Triciclo: me encontraba en el final de un tercer ciclo importante en mi vida.

«No vayas tan rápido», fue impresionante, ya que soy acelerada, había que disminuír velocidad a la forma de vivir la vida.

Escarcha: para mí era el símbolo de los milagros que produce la virgen María cuando se aparece y he tenido experiencia en la finca de una amiga quien la canaliza y hace sanaciones con la Divina Madre. En mi sueño era la limpieza que realizaba mi papá en otro plano.

Papá no solo le daba las gracias a mamá por haber sido tan excelente madre y esposa sino también lo maravilloso que ella también me tenía ya preparada para su partida. Mi amiga quien es clarividente, fue en este caso la que me pasó este bello y significativo mensaje. Diría que este mensaje me llevó de verdad al slow down o volver a lo lento que es lo ideal para tener una sintonización junto al silencio de poder intuír y conectar…

Sueño de un amigo después de la muerte de su padre

Con dos ballenas que custodiaban la casa suya de toda la vida y el papá se encontraba acostado con cara de pez. Para este amigo, estas imágenes fueron los símbolos que le hablaron de su papá.

Llaves para resolver ancestros. Marzo 21 del 2016, cuatro años más adelante de su partida.

Sueño de mi hermano años después de la muerte del padre.

Esta es su narración:

«Me encontraba en casa de mamá era el amanecer, sentí que mi papá acababa de llegar en su carro al garaje, discutía con alguien, yo me asomé por la ventana y pude observar que la discusión era con un celador de barrio, no recuerdo el rostro de éste, pero sí recuerdo que tenía una ruana de color blanco, yo intenté abrir la puerta de la casa, metí todas las llaves pero con ninguna obtuve resultado. Al poco rato mamá se levantó y dijo que la puerta no se abría porque ella le puso un seguro especial que se activa con el botón de encendido de la luz que está en su pieza, yo le recriminé el por qué había instalado ese sistema tan engorroso para abrir una puerta en una emergencia.

Seguidamente apareció papá dentro de la casa y recuerdo que llegó en estado de alcohol, muy bebido. En ese momento apareciste tú en la sala: mi hermana Clara. Y yo me encontraba sacando de mi closet todas las camisas. Un hermano me dijo que no era necesario sacarlas, pero yo insistí, cuando las coloqué encima de la mesa del comedor. No quería tenerlas ya allí».

Análisis

Con este comienzo, ambos coincidimos que estaba relacionado con algo del pasado que le quedó guardado en la memoria infantil, en la parte negativa del papá, ya que el carro a menudo es la personalidad. Posiblemente el aspecto que sobresale es que él discutía de una manera en particular y que al celador, al tener una ruana blanca, manifestaba en este color un proceso de limpieza. El también tuvo un largo período de alcoholismo.

¿Qué significado tienen para mí las llaves? ¿Para él?

¿Qué significado tienen para tí en tus sueños las llaves u otros símbolos?

Yo percibo que esto de querer entrar y que ninguna llave funcione quiere decir que es una puerta que hay que cerrar, por eso ella, su ex la tiene con doble seguridad.

Es posible que el femenino en general esté con la puerta cerrada, en especial a este aspect, de la manera como papá y lo no resuelto en él, sea transferido en pequeñas escalas a los hombres o masculino familiar. Evidentemente estaba relacionado con cerrar una adicción y algo con el dinero. La madre al tener el control de la activación de la puerta también estaba mostrando su papel.

En el inconsciente todo se ve y se sabe, según mi hermano no quería tener nada de él en ese lugar psicológico (la casa del padre, o lo que hay que resolver de él, lo que no se debe repetir: las adicciones). Veo mi intervención como diciendo: «no hay porque deshacerse de lo propio, pero sí de lo que los padres no resolvieron», en lo relacionado con las adicciones, hábitos negativos, rudeza o agresividad machista con la palabra.

Toda una constelación familiar en sueños.

Segunda fase del sueño
Mi hermano continúa su narración

«Apareció un fajo de dinero, pesos colombianos, y otro fajo dólares y más abajo un papel tamaño hoja block tamaño oficio, me puse a leerlo y pude ver que era un título que representaba un valor comercial por un valor de dólares; yo lo miré y expresé que era un regalo que algún día le había hecho un amigo cercano de mi hermano. También existía allí una billetera color café y en su interior estaba impregnada de la cocaína que él, mi hermano, consumía en el pasado». Fin del sueño.

¿Qué significa el dinero, en este sueño? Como resultado de haber dejado la cocaína o como un símbolo ya presente en que habla del fin del ciclo de lo pendiente por saldar de la droga y el dinero (lo que se fue por este medio) y la moneda de oro es el símbolo del comienzo de la nueva economía.

Un mes más tarde, mi hermano perdió su billetera vieja o de su pasado con todos sus papeles. En ese momento mi madre sacó una billetera nueva que después de morir había dejado mi padre con cincuenta millones de pesos, sus oraciones protectoras; mi hermano recibe esta billetera como nuevo legado sanador y en ese momento su economía se activó en abundancia por completo. Sincronización sin palabras… El día domingo, estando en la avenida en el puesto de cafetería que su pareja tiene se encontró una moneda dorada de cien pesos, una señora que vio cuando la recogió y le dijo: «Eso es buena suerte, mire los dos últimos números y hágalos en lotería». ¡Todo está conectado!

Sueños después de la muerte, descubriendo acciones ocultas

Hay muchas personas actualmente que a través de los sueños se están dando cuenta de sucesos que estaban ocultos en vida, bien sea con personas cercanas o con personas conocidas. El siguiente es el relato de una consultante de astrología que me permitió publicar su historia para ayudar a otras personas a ser más verídicas en sus acciones y a las que sufren las consecuencias de enterarse de acciones graves a perdonar a la persona en cuestión quien ya se ha marchado y queda atascada mientras no se le libere.

Sueño de una consultante:

«Mi padre se llamaba Pedro, falleció hace dos años y siete meses, a causa de un disparo, a partir de su muerte mi familia se desestructuró, además de salir a la luz muchas parejas con las que él había estado aparte de mi madre y posibles hermanos, a causa de esto se sumo a su partida tan inesperada el sufrimiento por parte de todos en especial de mi madre, fue un dolor compartido entre la perdida física de él y además esa imagen que teníamos de él se vino abajo.

A través de mis sueños, siempre me he enterado de familiares de amistades muy lejanas o cercanas que han estado enfermas o a punto de morir, y también he podido hablar con personas de muchas partes del mundo ya fallecidas.

Mi padre al partir en estas circunstancias angustiosas, comenzó a visitarme desde las primeras semanas de su partida, sentía su presencia al lado de la cama donde yo dormía, se paraba allí con mucho dolor, me mostró muchas escenas de dolor y tragedias como la de un compañero de él, que le cortaron la cabeza, a quien no lo conocía yo. Estaba muy angustiado por lo que nosotros pensáramos de él y tenia mucho dolor.

Noche tras noche me despertaba muy angustiada porque él solo me expresaba sentir lo que él sentía, pero no hablaba. Pasaron uno meses y volvieron los sueños, esta vez él estaba desesperado, yo después de pedir siempre a Dios antes de dormir y a él que si quería pedirme algo fuera mas claro. Hay noches en que pido no soñar porque despierto muy agotada, en estos momentos él solo quería el perdón de mi madre y que además cuidáramos de ella, estaba muy triste y no quería irse».

A menudo, si en los sueños no se logra resolver una situación, las personas se materializan a través de otros y en este caso pasó:

«Ya lograba hablar con él y empezamos a tener sueños en los cuales compartíamos y él estaba detrás de mi madre cuidándola, estaba un poco más tranquilo, yo hablée con mi familia de esto, mi madre pasó por un episodio. Un empleado de mi padre tuvo un accidente laboral y estuvo con mucha fiebre, mi madre acudió a llevarle unas medicinas a este empleado, y entre el delirio el chico le dijo: "Mari perdóname. Perdóname Mari" (Mari es mi madre). Lllegamos a la conclusión de que fue mi padre.»

Visiones de esta dimensión

La dimensión donde van las personas que mueren es la cuarta, donde hay a su vez 7 dimensiones entre ellas una de baja frecuencia llamada bajo astral, algunas personas tienen la habilidad de ir a alguna de estas dimensiones y comunicarse con personas que ya se han marchado. Muchas personas han tenido experiencias de vida después de la muerte, algunas han regresado y en otros casos ya muchas personas tienen el don de ir en sueños. El siguiente es el sueño de una amiga cercana quien también tiene experiencias variadas a través de los sueños, lo tuvo hace poco, en este 2018, ella vive en Costa Rica.

Ella se encontraba en un lugar luminoso y pasaba por lugares de diversas dimensiones, la acompañaba un perro como parecido a un labrador, se encontraron en un lugar como tenebroso a un perro negro como era en el sueño una zona prohibida, fueron atacados por el canino negro y el perro de ella salió a defenderla, la mujer no tuvo miedo en ningún momento, al contrario, caminaba como recorriendo estos lugares.

De allí llegó a una casa antigua, como francesa, tropical, donde se encuentra con una mujer que está muerta, ella le dice que necesita pasar al otro lado. Mi amiga le menciona: «usted debe encontrar el portal de luz». Cuando esta mujer lo encuentra se devuelve y le indica a mi amiga: «debo recapitular». Al darse cuenta, mi amiga que no ha hecho aún el proceso de ver su vida completa en retrospectiva, se despide de ella y se despierta.

Otra persona diferente acá en Inglaterra, quien fue vecino mío hace muchos años, tenía experiencias oníricas donde se aparecía en otro país que no conocía y sabía que allí iba a ayudar a muchas personas. Nunca supo reconocer este lugar.

14
VIAJES CON CLARIDAD

Considerando que están abiertas nuevas dimensiones de espacio y del ser, hay una predisposición natural a profundizar en nuestro mundo interior, no solo a través de nuestros sueños, sino también a través del desarrollo de sentidos adicionales a los sensoriales, a estos sentidos los llamaría multi-dimensionales, he hecho una lista de los que he ido profundizando a través de las experiencias y grupos de amigas quienes se encuentran en este camino de exploración de estas realidades y posibilidades. Ya sabemos que actualmente la tierra está pasando en su proceso a la quinta dimensión y nosotros con ella debemos actualizarnos.

Nuevos sentidos a desarrollar

Sentido perceptivo, sentido de visión expandida, sentido intuitivo (femenino frente a masculino), sentido de quietud y paz, sentido de comunicación corporal, sentido de ubicación espacial, sentido de consciencia expandida, sentido de apreciación y agradecimiento, sentido de conexión a la voz propia y ajena como forma de expresión, sentido de sonidos que llegan (voces-música-otros), sentido de improvización. Revelaciones de cada sentido interno y externos.

Sentido perceptivo: es la habilidad de conectar desde los diferentes cuerpos y desde el doble energético con sensaciones y formas de captar las realidades y lugares que visitamos bajo distintas dimensiones.

Ejemplo: llegamos a un lugar conocido o desconocido por ejemplo un parque de llamas del Perú, desde la tercera dimensión es un lugar de diversión y para estar en contacto con animales, desde la cuarta, es percibir cual es el mensaje desde la llama como símbolo o desde su mismo nombre cual es el llamado, luego desde la quinta podría ser un encuentro que nos moverá desde adentro a algo muy interno.

¿Cómo desarrollamos nuestro sentido perceptivo? En situaciones donde no hay presión de tiempo, usar la técnica de superponer realidades y dimensiones y percibir desde diferentes ángulos.

Agudizar nuestros sentidos internos es una actividad para practicar a diario, en especial si leemos con claridad la información que llega de una manera sutil y la sabemos conectar a nuestra realidad del día a día. Viviendo dentro del sueño despiertos y a menudo nos veremos soñando también despiertos dentro del estado de vigilia.

La intuición es esa chispa iluminada que nos trae la información de las formas más inesperadas y que una vez llega a nuestras almas, sabemos que es cierta y está llena de verdad con respecto a la situación determinada. A menudo esa intuición está tan conectada a los sueños que solo en imágenes podemos entender nuestras señales y contenidos desde el inconsciente y unir información que de diferentes maneras nos llega y forma parte del mismo contexto y nos da claridad.

A través del sentido perceptivo es posible conectar con personas que se encuentran lejos y solo con pensar en ellas, percibimos de eventos que pueden estar sucediendo con ellas. A menudo me sucede que a través de un sueño me entero de alguna amiga que no veo o con quien no hablé y me doy cuenta y verifico lo que está sucediendo en su vida. Es algo que sucede espontáneamente cuando la energía es lo que se percibe. Los aparatos eléctricos son otra forma de percibir sobre estados interiores de personas, muchas veces cuando alguien desconocido llega a la casa, prefiero manejar los aparatos para que ellos no se dañen al resolver un bloqueo ajeno.

Sentido de consciencia expandida: mantener en todo momento una visión que magnifica y ve más allá de lo visible desde la tercera dimensión como si desde una lupa se ven detalles que nos llevará a colocar nuestra atención en lo que es relevante a entrar en la cuarta y en la quinta dimensión desde conocer por experiencias que se manifiesta en esta forma de manifestar lo cotidiano.

Ejemplo: cuando nos encontramos con una persona nueva en nuestras vidas puede ser práctico concentrarnos no en lo físico, pero en lo que sentimos, lo que esta persona nos inspira, palabras que son claves y que llegan a nosotros bajo una entonación diferente, luego cuando nos alejamos de esa persona, con está visión expandida, estaremos en capacidad de recibir impresiones o imágenes que nos conectarán a conectar con esa persona desde una dimensión diferente.

Cuando tenemos conocimiento de personas que necesitan de nosotros, aprendernos a tele-transportar desde el mundo onírico para conectar en lo que sea necesario para ambas personas.

Para aquellas personas que consumen drogas y las han dejado, saben que un estado expandido de conciencia se puede lograr temporalmente por consumo de cannabis, u otras sustancias que posiblemente si la persona es adictia le creará momentos de expansión, pero la llevará a que estos estados de consciencia distorsionada con el tiempo, o también a tener experiencias desde del mundo de la fantasía y des-conexión con la realidad.

Expandir la consciencia se logra con trabajo interior y conexión a la fuente interna o superior

.

Sentido Intuitivo:

¿Qué es el sentido intuitivo? Saber sin palabras, sintonía con el Ser, saber penetrar conocimiento desde el vacío, conocer sin mente (voz interior).

Cconexión con el corazón (corazonadas), saber escuchar desde el silencio.

Sentido intuitivo de masculino frente a femenino interior: sentido de femenino–masculino._Nuestro cerebro derecho es femenino y el izquierdo es masculino, en el cuerpo la parte contraria del cuello hacia abajo muestra nuestra polaridad.

Cuando viene alguna problemática de lado derecho o izquierdo hay que mirar desde donde viene. Aprender a unir polaridades. En los sueños a menudo la puerta de una casa o lugar se ve en el lado contrario. Los sueños son informadores de nuestra parte femenina y masculina, de acuerdo a símbolos representativos para cada persona. El femenino es receptivo, intuitivo, seduce, es exclusiva, es sedentaria, da rodeos, es indefinida, sigue si es bien dirigida, es conectado, es yin.

El masculino es activo intelectualmente, lógico, conquista, es disponible, nómada, debe ser sincero, es definido, es buen guía, es analítico, es yang.

Las formas instantáneas de claridad y de visión llegan en momentos inesperados, cuando estamos más conectados con nuestra naturaleza femenina estaremos más sintonizados a escuchar esa voz que trae en un segundo la unión de imágenes, situaciones y sueños que estarán integrados a través de encontrar la pieza faltante. Desde el masculino también hay intuiciones válidas más relacionadas con asuntos prácticos y de la vida exterior, cuando se necesita también saber que si vamos a comprar un carro, también hay que estar atento a señales que llegan a través de la información concreta.

Sentido de quietud y paz en el diario vivir: aquellas personas que se acuestan y sueñan con cosas o asuntos sin resolver del día, no han entrado aún en el nivel de los sueños donde se aprende y se investiga, hay que desarrollar la habilidad de viajar consciente a otras realidades, distinguir, símbolos, señales, personas relacionadas con situaciones de la vida cotidiana.

Para entrar en estados alterados de consciencia aptos para lo anterior es importante tener un estado de paz construído y también calma en los asuntos del día, el trabajo con el cuerpo a primera hora ayuda, el caminar, el meditar.

No sería posible en una vida de supervivencia y de estrés tener sueños que sean reveladores, a no ser que la persona haya aprendido a manejar a través de yoga, ejercicios de respiración u otras técnicas un nivel de calma semi-permanente. Es posible que a menudo cuando estamos más cansados físicamente y el cuerpo se relaja por completo, el alma salga rápidamente del cuerpo y algunas personas tengan la capacidad de tener sueños lúcidos.

Una forma sencilla de ensoñar es cansar el cuerpo: hacer una larga caminatada y llegar a un lugar de montaña, mar, silencio y sentarse, colocando la mente en blanco, es un momento donde fácilmente llegan mensajes desde el ensueño. Otra forma es subir montañas, ya que en la medida que haya más niveles de prana y aire más oxigenado en las alturas, la glándula pineal se desbloquea y se entra en estados alterados de consciencia similares al sueño con los ojos abiertos.

Sentido de Balance y discernimiento: establecer la verdad, saber hacer elecciones, saber eliminar lo que no sirve o altera la verdad. Este sentido se adquiere porque hay personalidades a menudo excesivas y cada uno de nosotros a través de nuestra existencia debemos hacer un trabajo de descubrir dentro de esta persona o máscara que también nos habita, cual es aquella o aspectos de nuestros yoes que deben desaparacer para adquirir un punto medio dentro de la acciones, deciciones, ritmo, capacidad de dar y de recibir. En este último punto hay personas que a veces dan demasiado o en otros casos que siempre reciben y nunca dan.

Cuando se encuentra el balance durante los diferentes ciclos y procesos de aprendizaje de nuestra vida, estamos en capacidad de aprender a discernir y sacar desde nuestro centro que es el encuentro con nuestro Ser superior quien todo lo sabe y lo conoce de distinguir entre lo que para nosotros es la verdad, la cual es única.

Esto no se logra de un día para otro es una práctica permanente, a través de equivocaciones y salirnos a veces del camino que llevamos para encontrar nuestra verdad y la que sea universal, en especial en épocas donde hay excesiva información que puede hacer perder a muchas personas quienes no se trabajen desde su interioridad.

Sentido de comunicación corporal: parte de nuestra congruencia entre lo que pensamos, sentimos y actuamos está manifestado en el cuerpo y los gestos que revelan nuestra actitud de una manera externa, ante personas, situaciones o emociones suscitadas por eventos. Ser consciente, de la manera como manifestamos nuestra presencia energética a través del cuerpo. Al mismo tiempo a través de una mirada, una forma de mover la boca, un suspiro, estaremos en habilidad de percibir desde el otro lo que le sucede a través de su expresión.

La posición de la columna es fundamental, igualmente la respiración.

Un ejercicio que recomiendo de conexión corporal es saber con que pie nos levantamos al salir de la cama y la otra es al acostarnos, la posición del cuerpo tener consciencia cuando el cuerpo está relajado antes de dormir, de aquellas partes del cuerpo tensas, órganos relacionados y hacer un recorrido mental acerca de emociones del día relacionadas con ello, para desbloquear.

Entender desde donde viene una posición corporal, gesto, actitud, una mirada, los movimientos de los brazos, o manos que por ejemplo provienen del hemisferio contrario: en el caso de gestos del hemisferio derecho se expresan de la nuca hacia abajo con el lado izquierdo y todo aquello proveniente del hemisferio izquierdo se expresa a través de gestos en el lado derecho.

Es posible que dentro de las personas que tienen desarrollada su condición tactil puedan comunicarse mejor desde sus manos, en otros casos las personas que realizan trabajos con el cuerpo, también estarán en condiciones de reconocer actitudes corporales, posiciones, gestos, inclusive formas de respiración de los otros. La respiración en si misma es un tema para un libro completo y una clave fundamental para el manejo de la energía, incluyendo la sexual.

De igual manera se descodifica la enfermedad: si es algo en el pie derecho, o la cadera izquierda, seno derecho o izquierdo. La biodescodificación es algo que complementa el mundo emocional desde lo físico.

Sentido de ubicación espacial: está relacionada con el mero hecho de saber en un lugar donde nos quedamos o donde estamos, donde están los puntos cardinales y en especial por donde sale y se oculta el sol, para tener la conexión de igual manera cual es la mejor orientación para nuestra cama en el espacio sagrado donde dormimos.

Es la habilidad de situarse en espacios diferentes conocidos o desconocidos desde una adaptación a condiciones posibles de una manera que sacamos recursos desconocidos muchas veces para sobrevivir o en otros casos para disfrutar. Es saber perderse y saber encontrar.

Recorrer lugares como si se conociesen y dejarse llevar por la intuición, des-programarse un poco ayuda o desconectar equipos, a veces dejamos de confiar en nuestras fuentes internas por depender de las externas.

Cuando viajo, es recorrer a mi manera los lugares para no seguir instrucciones de nadie y crear mi propia realidad mágica. Otra práctica que recomiendo es aprender a percibir los lugares donde vamos para no quedarnos por largo tiempo en aquellos de baja vibración, los cuales se sienten de inmediato con la práctica se aprende también a protegerse si toca estar en ellos o pasar por algún sitio sombrío. Lo que recomiendo es en esos momentos, es llenarse de luz, e irradiar el lugar. La otra recomendación es rodearse de luz azul intense, alrededor del aura y cubrir el lugar de luz del tono que sintamos ayudará. Cuando salgo de un espacio sagrado ajeno, siempre recoger la energía propia, simplemente con la boca inspirar y colocar nuestra energía en nuestro cuerpo.

Es importante al llegar a un lugar nuevo, donde se va a vivir, hacer una limpieza antes de pasarse y mantener igualmente cada lunación, el lugar descontaminado bien sea con hierbas, incienso o aceites esenciales.

Es importante desarrollar flexibilidad para adaptarnos a diferentes espacios, en especial para aquellas personas viajeras, o cuando hay traslado de lugar de dormir o estar en espacios ajenos. Obviamente hay condiciones mínimas para poder realizar esta adaptación: clima, ruido, limpieza del lugar, iluminación, ventanas, etc.

Lo cierto es que hay personas con este sentido muy desarrollado ya que viajan mucho y aprenden a aceptar el entorno que les toque.

Ubicuidad, significa saber aceptar otros lugares ajenos al propio desde saber estar presente en todas partes al mismo tiempo, es una facultad que a menudo viene en personas viajeras por destino lo cual las hace que sientan cada lugar como su casa o su hogar. A nivel de sueños, hay que aprender a reconocer los lugares que visitamos mientras dormimos, ya que en una noche podemos visitar muchas personas y lugares al tiempo, inclusive hay personas que sienten la presencia desde este sentido de sensibilidad dentro de su sueño.

Sentido de agradecimiento y apreciación: lo que tiene valor y lo que es innecesario, sin dejar pasar la oportunidad de expresar el agradecimiento hacia la persona de quien se recibe, los regalos que la vida nos entrega, expresando con palabras o gestos a las personas quienes hacen parte de estos regalos. La apreciación es una forma de dar a aquellos quienes nos facilitan la vida en muchas maneras el reconocimiento.

La sabiduría debe darse desde la coherencia de acciones, palabras, gestos donde el ser agradecido, es una especie de saber discernir y actuar de inmediato con el intercambio verbal, escrito o de retribución por la acción del otro. A veces no es necesario pero en la generalidad una palabra de agradecimiento hace la diferencia.

Hay personas que no tienen mucho y son muy agradecidas, otras que tienen demasiado y no son agradecidas, otras que siempre están abriendo su canal de abundancia a través del agradecimiento y la generosidad. El sentido de saber valorar es algo a desarrollar y tener en cuenta. Ejemplo: el tiempo del otro, es valorar al otro. El esfuerzo que hace alguien por llegar a un lugar lejano, el cumplimiento, existen muchas maneras de expresar también gratitud a aquellas personas que hacen por nosotros tareas que o no son nuestra habilidad o no tenemos el tiempo para hacerlas.

Desarrollar este sentido puede ser de los más fáciles, hay personas que lo son y otras que no han sido enseñadas o dan todo por hecho. A lo mejor, también puede estar de por medio el orgullo o la falta de valorar al otro.

El tener expectativas también puede ser algo que interfiere en no sentirse agradecido ya que siempre se está esperando más de la cuenta y lo que llegue no es considerado muchas veces lo esperado. El agradecimiento incluye también abrazar aquellas situaciones y personas a través de las cuales la vida nos puso a prueba y ya se han superado en muchos de estos casos, sentimos el profundo agradecimiento bien sea por las oraciones de otros, o por nuestos guías y ángeles, o por nuestros propios esfuerzos para llegar a sentir la apreciación entre lo que no se tiene y lo que se ha logrado o recibido, de una situación o de alguien.

En muchas situaciones estamos también muy agradecidos por regalos constantes que la vida nos entrega día a día comenzando por tener un techo, el alimento, la salud, el afecto de personas cercanas, la amistad, en fin… Una buena forma de terminar y comenzar el día es agradecer lo que viene y lo que llegó y visualizar a aquellas personas que lo permitieron para que ellas también reciban su parte que con una simple intención y visualización será recibida.

Sentido de conexión a la voz propia y ajena como forma de expresión: desde donde sale nuestra voz y la de otros, qué están expresando las formas a través de palabras o expresiones, desde donde nos habla quien nos habla cuando estamos en una conversación con una sola persona, con dos, con un grupo, con la pareja, con hijos, habrá una forma de expresar diferente que hay que aprender a observar y escuchar, desde allí nos estamos relacionando más cuando la persona se expresa desde su esencia. ¿Se escucha al otro?

Sentido de sonidos que llegan (voces-música-otros).

El oído, como otros sentidos, hay que entrenarlo, no solo los sonidos de las voces de otras personas y sus tonalidades, sino lo que va más allá de ello.

Ejemplo: hay culturas que hablan duro, otras más bajo, hay personas que tienen un timbre en su voz agudo, otras graves, pero también hay sonidos que acompañan como señalando sucesos o movimientos energéticos.

Me ha sucedido muchas veces que, hablando de un tema específico, hay un ruido al fondo estridente o especial, también cuando se cuenta algo muy cargado energéticamente puede suceder que algún sonido se dé en ese momento que revela la energía que está en el aire. Actúa como una confirmación de la energía.

Recuerdo un día que estando en un restaurante, me acababa de enterar del suicidio de alguien en una población donde estaba de vacaciones a quien conocía y cuando vine a contar esto en la mesa de un restaurante a mi esposo y un amigo, en ese justo momento el mesero quien pasaba con unas copas de vino, se quebraron y cayeron al piso haciendo un sonido diferente, obviamente fui la única que se dio cuenta de este evento: lo sentí como una manifestación presencial de la energía de la persona que se había muerto, porque la había conocido y era clienta de su joyería.

Es solo para poner mucha atención en este tipo de sonidos cuando la energía se mueve.

En un tiempo como el actual donde hay tanto ruido externo, es fundamental conectar con el sonido de los pájaros, escuchar el viento, el sonido de los ríos, en general los sonidos de la naturaleza. Nada mejor que alejarnos a descansar en el silencio de la naturaleza: el mar, un lago, una montaña, lo que esté a nuestro alcance.

Sentido de improvización: este sentido es cada día más importante de desarrollar ante los cambios inesperados y drásticos de las personas, acontecimientos, sucesos.

Ejemplos: saber improvizar desde la palabra, el gesto, el reconocimiento. Al trabajar el sentido de la improvización se desarrolla la creatividad, la flexibilidad, la adaptación, son todas derivadas de momentos donde hay que reunir la energía y ser muy sensible al grupo, al ambiente, a quienes se está hablando, en especial a aquellos que dictamos talleres y a veces suceden y hay que resolverlas.

Revelaciones de cada sentido interna y externamente

Develar la realidad de todo el universo onírico es un camino de vida, del cual se entra pero no se termina, ya que dentro de los innumerables portales que existen dentro de diferentes realidades podemos profundizar cada vez más en experiencias donde el alma se mueve sin cuerpo, sin espacio, ni tiempo y se viaja a traer información que se necesita para la realidad de viajes. Cada experiencia dentro de su viaje interior es única, algunos sueños que he compartido de otras personas en este viaje que ha sido mi experiencia, mi investigación, mi trabajo conmigo misma, me han dado la autorización de divulgarlos ya que todos aprendemos de la experiencia del otro sobre nosotros mismos.

Cuando escucho de personas cercanas con quienes comparto sueños aprendo a través del psiquismo del otro, pero la mejor versión del lenguaje del sueño es la persona misma.

Lo que sí me he dado cuenta, por estar en conexión con estas personas que son amigas y a las cuales conozco, es que inmediatamente se cuenta un sueño a otra persona, se aclara, desde la exposición y el escucharse de nuevo, en una información que por completo pertenece a todas las vivencias individuales.

Lo que veo es que cada vez más personas aprenden a conectar ambas realidades y se benefician al comprender su propio lenguaje y formas de expresión

Comenzar con los sentidos existentes y llevarlos más allá de sus funciones y capacidades, por ejemplo: escuchar, capacidad de reproducir o decir lo que se escuchó con precisión.

Visión: capacidad de observar el detalle y lo extenso, distante, la totalidad, lo esencial, lo secundario, lo prioritario, lo innecesario, saber ir más allá de los ojos externos y leer el alma desde la visión de la energía. Cuando tocamos algo de alguien y podemos adivinar algo de esa persona, cuando alguien nos regala algo y solo al usarlo o al traerlo a la vida cotidiana, estamos recibiendo información de esa persona específica. Con mis amistades cercanas, tengo varias plantas que cada una me ha regalado y a través de ellas miro el estado de mi amiga en porciones y cuando necesitan sanación o ayuda, lo hago desde la distancia a través de los elementos que tengo a la mano.

Prácticas de conectar con el corazón a otros cercanos, a desconocidos, a lugares extraños, a voces ajenas, leer desde lenguaje oculto, oído interno: escuchar desde donde se expresa el otro, entender su procedencia emocional y cultural, grado de afinidad a distancia

Asociaciones desde símbolos y secuencia sintonizada, percepción del otro.

Saberse desplazar consciente desde el doble energético, desde la visualización, desde los sueños. Saber integrar informaciones de todos los anteriores sentidos para comprender, desde un tamiz, la verdad dentro de cada información.

Lectura de todos los anteriores sentidos.

Lo que sugiero es comenzar por semanas o por mes o por día, de acuerdo a la rutina de cada persona a practicar individualmente, luego ir reuniendo dos, luego tres y alternar práctica. Hasta diariamente dominar o mejorar la intervención de todos los sentidos.

Algunas palabras claves para estas revelaciones:

- Percepción interioridad.
- Sentirse sincronizado.
- Afectado en positivo o negativo emocionalmente.
- Dar y recibir en equilibrio.
- Sentimientos de carencia o de regalos de vida.
- Saber escuchar la voz interna.
- Percepciones acertadas de la realidad.
- Estados reflejos de nuestro interior afuera.
- Saber donde nos encontramos en proceso de transformación.
- Aceptación de crisis o de momentos de euforia.
- Saber reconocer cuando se está confuso o en reflexión.
- Saber pasar de un estado a otro sin abismos.
- Reconocer la emoción y no quedarse en ella.
- Aprender a desapegarse del pasado, de lo viejo.
- Crear la nueva versión mejorada siempre.
- Conectar con nuestro Ser superior desde unidad: interna, imaginación activa, mensajes desde oráculos, etc.
- Sentidos de percepción externa.
- Auditivo, táctil, olfativo, gustativo, visual, placentero o difícil.
- Comunicación con el cuerpo para conocer necesidades.
- Saber reconocer desde donde se usa energía sexual.
- Ubicación espacial.
- Encuentro por afinidad o por lo contrario.
- Satisfacción de cumplimiento propósito.
- Algo no encaja, algo no suena, algo nos lleva a dudar.
- Lectura de todos los anteriores sentidos.

- Sabiduría de significados.
- Discernimiento de voces y mensajes.
- Saber descifrar las señales y símbolos bajo la visión del compás de esperaba.
- Conectar con un evento sin ni siquiera moverse.
- Saber leer en las expresiones del otro.

Revelaciones Oníricas: en la medida que se trabajen intensamente y día a día los anteriores sentidos se estará en capacidad de tener una percepción distinta de los sueños.

Superponer realidades: es la metáfora de comprensión de la parte y el todo. Tanto en los sueños como en la astrología existe esta gran posibilidad de ver aplicada la superposición de capas, al igual que en un tratamiento homeopático.

Es lo que llamaría multidimensionalidad.

Es montar en la realidad de tercera, la cuarta la quinta y otras dimensiones para ampliar.

Desde esta perspectiva estamos en capacidad de llevar a octavas superiors, todo.

La evolución está basada en elevar las situaciones, emociones, eventos, para tener una visión, realidad desde otra perspectiva.

El significado de deshacer y reflexionar sobre capas, trae más ampliación de un tema.

Dentro del prisma de posibilidades y la visión de sus mezclas hay posibilidades infinitas.

Por eso la consciencia es una superposición de estados de acuerdo al estado evolutivo de cada alma, desde allí se comprenden las acciones, de cada Ser.

En los sueños sucede, ya que la intervención desde el psiquismo de otros en las relaciones a menudo sale en los sueños. Por esto hay que estar en la sabiduría del trabajo diario, de pulir la personalidad permitiendo a la esencia que aflore.

CONCLUSIONES

«La función principal de los sueños es intentar restablecer nuestro equilibrio psicológico. El sueño es la pequeña puerta escondida en el más profundo y más íntimo santuario del alma». Carl Gustav Jung.

«Los sueños son porciones de nosotros mismos desde otros planos. La capacidad de estar despiertos dentro del sueño revela la sabiduría para alcanzar unión en el Ser. La unión de los diferentes estados de consciencia al servicio del alma permite descubrir que el camino del alma es individual, pero se une cuando muchas personas entran en su viaje interior para encontrar la chispa divina». Clara

Viajar puede ser fácil, difícil, inesperado, planeado, hay muchas formas como podemos viajar en físico o a través de nuestras facultades, dones y nuevos sentidos.

Mi invitación es a desarrollar nuevos sentidos y explorar formas de transportarnos a otras realidades que surgen de adentro de cada uno de nosotros, ya que cada viaje, cada sueño, cada experiencia es única y está relacionada con uno mismo desde el viaje que se quiera realizar.

Este libro es acerca de cómo los sueños me han inspirado en mis viajes de vida en el afuera, pero al mismo tiempo los viajes de cada persona dependen del propñosito de luz individual, de la misión que cada persona tenga en sus diferentes etapas de vida, de la disposición en plenitud a explorar otras formas no tradicionales de traer el conocimiento a través de nuestro interior para ayudarnos a nosotros mismos y contribuír a otros con nuestros aprendizajes y descubrimientos.

El siguiente, es un ejercicio que sirve para clasificar tus sueños, dentro de tu diario y saber qué tipo de sueños tienes para saber recoger tus frutos o saber en qué momento tus sueños semilla están dando su fruto. Para aquellas personas que están en la astrología o siguen el calendario lunar, es un buen comienzo, ya que en las lunas nuevas se siembran semillas que se recogen en seis meses, en la luna llena.

Los sueños del árbol

Los sueños semilla
Los sueños tallo
Los sueños de las flores
Los sueños de los frutos
Los sueños de la poda

Los sueños fuera del árbol

Los sueños del cielo
Los sueños de la tierra
Los sueños sagrados
Los sueños innombrables
Los sueños desde los elementos

Guardianes y escenarios

Mensajeros de sueños
Luminarias del sueño
Arquetipos y símbolos
Viajeros dimensionales
Tu viaje hacia adentro

Nos convertimos en Unidad cuando uniendo caminos reconocemos que todos somos viajeros ascendiendo dentro de los Umbrales del alma.

AGRADECIMIENTOS

El agradecimiento a nuestros potenciales creativos, psíquicos y físicos es en una parte importante gracias a la familia que tuve, en mi agradecimiento quiero comenzar ellos quienes en un equipo de 6, incluyendo a ambos padres crecimos con toda la estimulación y dedicación de amor no solo en nuestra forma independiente de relacionarnos y compartir sino desde una forma liberal, desapegada y respetuosa de nuestras grandes diferencias para desarrollar a la manera individual y propia formas de expresión y arte.

Poder contar con ellos ha sido una evolución constructiva para expresar desde muy pequeña mi naturaleza esencial desde nuestros dones en conjugación con los propósitos personales individuales a través del arte, la palabra, las relaciones, la naturaleza.

Los sueños han sido puntos tangenciales de unión de eventos que a través de mis tres hermanos y mamá han sido hilados y a veces completan piezas sueltas del rompecabezas del momento. Igualmente a raíz de la muerte de papá, hace 8 años en el 2012, Julián uno de mis hermanos pudo transmitirnos el viaje de acompañamiento después de su partida. Algunos de ellos los comparto en este libro.

Los encuentros suceden en vida y en otras dimensiones del espíritu.

Todos viajamos a través de los sueños y compartimos sueños comunes.

Agradezco también a una amiga muy cercana quien desde sus conocimientos, libros, textos, correcciones y a menudo muchos aportes constructivos y profundos ayudaron a completar contenidos del libro que son complementarios a mi propia investigación, la cual es una inspiración para un mundo donde la tecnología a veces aisla a la persona de sus propios dones y facultades que son tan fundamentales desarrollar a través de exploraciones interiores y reflexiones meditativas o sueños. Siendo ella una persona que no desea publicidad, ni ser vista desde un ojo público o a través de este agradecimiento no menciono su nombre, pero en algún momento ella sabrá que ha sido un aporte grande en esta divulgación, la cual entrego desde mi dedicación, disciplina, conexión, investigación, experimentación, escuchar a otros quienes también hacen parte de este viaje que sigue y que espero que aquellas personas que quieren explorar ser sus propias guías se aventuren a este maravilloso Universo Onírico.